熊十力文选

熊十力　著

泰山出版社·济南·

图书在版编目（CIP）数据

熊十力文选 ／ 熊十力著. -- 济南 ： 泰山出版社，
2025. 6. --（中国近现代思想文库）. -- ISBN 978-7
-5519-0923-5

Ⅰ. C52

中国国家版本馆CIP数据核字第2025X5L733号

XIONGSHILI WENXUAN

熊十力文选

责任编辑 王凌云
装帧设计 路渊源

出版发行 泰山出版社
    社　　址　济南市泺源大街2号　邮编　250014
    电　　话　综 合 部（0531）82023579　82022566
    　　　　　 出版业务部（0531）82025510　82020455
    网　　址　www.tscbs.com
    电子信箱　tscbs@sohu.com
印　　刷 山东通达印刷有限公司
成品尺寸 165 mm × 240 mm　16开
印　　张 13.75
字　　数 233 千字
版　　次 2025年6月第1版
印　　次 2025年6月第1次印刷
标准书号 ISBN 978-7-5519-0923-5
定　　价 39.00 元

凡　例

一、本书收录了作者的经典文章或片段节选，主要展现了作者的学术造诣、思想追求和情感操守，以及当时的时代风貌等。

二、将所选文章改为简体横排，以符合现代阅读习惯。原文存在标点不明、段落不分、标题缺失等不便于阅读之处，编者酌情予以调整。

三、所选文章尽量依照原作，保持原作风格及其时代韵味，同时根据需要，对原文进行了适当的删减和订正。

四、对有些当时惯用的文字，如"的""地""得""作""做""哪""那""化钱""记帐"等，仍多遵照旧用。

目 录

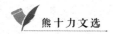

略谈《新论》要旨

（答牟宗三）

《新论》（《新唯识论》之省称）一书，不得已而作，未堪忽略。中国自秦政夷六国而为郡县、定帝制之局，思想界自是始凝滞。（参考《读经示要》第二讲。）典午胡祸至惨，印度佛教乘机侵入，中国人失其固有也久矣。两宋诸大师奋起，始提出尧舜至孔孟之道统，令人自求心性之地。于是始知有数千年道统之传，而不惑于出世之教；又皆知中夏之贵于夷狄，人道之远于禽兽。此两宋诸大师之功也。然其道嫌不广，敬慎于人伦日用之际甚是，而过于拘束便非。其流则模拟前贤行迹，循途守辙，甚少开拓气象。

逮有明阳明先生兴，始揭出良知，令人掘发其内在无尽宝藏，一直扩充去，自本自根，自信自肯，自发自辟，大洒脱、大自由，可谓理性（理性即是良知之发用）大解放时期。程、朱未竟之功，至阳明而始著。此阳明之伟大也。然阳明说《大学》"格物"，力反朱子，其工夫毕竟偏重向里，而外扩终嫌不足。晚明王、顾、颜、黄诸子兴，始有补救之绩，值国亡而遽斩其绪。

今当衰危之运，欧化侵凌，吾固有精神荡然泯绝。人习于自卑、自暴、自弃，一切向外剽窃，而无以自树。《新论》故不得不出。是书广大悉备。略言其要：

一、归本性智，仍申阳明之旨。但阳明究是二氏之成分过多，故其后学走入狂禅去。《新论》谈本体，则于空寂而识生化之神，于虚静而见刚健之德。此其融二氏于《大易》而抉造化之藏，立斯人之极也。若只言生化与刚健，恐如西洋生命论者，其言生之冲

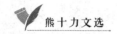

动，与佛家唯识宗说赖耶生相，恒转如暴流，直认取习气为生源者，同一错误。若如东方释与道之只证寂静，却不悟本体元是寂而生生、静而健动。则将溺寂滞静而有反人生之倾向，（如佛。）至少亦流于颓靡。（如老庄之下流。）《新论》所资至博（非拘于某一家派之见），所证会独深远。其视阳明不免杂二氏者，根柢迥异。夫寂（非枯寂之寂）者，无昏扰义，故寂而生生也；静（非如物体静止之谓）者，无嚣乱义，故静而健动也。是故达天德而立人极者，莫如《新论》。（天者，本体之目，非谓神帝。德者，德性及德用。天德，谓本体具无量德，而寂静与生化或刚健等德，则举要言之耳。佛老只见为寂静，而未证生生不息之健，则非深达天德之全也。宋明儒以主静立人极，犹近二氏。）人道继天（继天，谓实现本体之德用），在继其生生不息之健、富有日新而不已也。若止于守静趣寂，人道其将穷乎？

二、《新论》归于超知，而实非反知。《明宗章》曰"今造此论，为欲悟诸究玄学者，令知一切物的本体，非是离自心外在境界，及非知识所行境界，唯是反求实证相应故"云云。《新论》本为发明体用而作。理智思辨，不可亲得本体，故云非知识所行境界。证者，即本体之炯然自识。惟本体呈露，方得有此；故云唯反求实证相应。此但约证量（证量者，证得本体故名）之范围，而言其非知识所及，实非一往反知。而读者每不察，辄疑《新论》为反知主义。此则不审《新论》立言自有分际，而误起猜疑。或由"量论"尚未作，读者不深悉吾思想之完整体系，其猜疑无足怪。《新论·明心下章》（卷下之二，第九章，丛书本十四页右）云："性智（性智即目本体）全泯外缘，亲冥自性。亲冥者，谓性智反观自体而自了自见，所谓内证离言是也。盖此能证即是所证，而实无能所可分。故是照体独立，迥超物表。"此中所言，即证量境界，亦即超知之诣。斯时智不外缘，独立无匹。易言之，即是真体呈露，复然绝待。佛氏所谓非寻思境界，即非智识安足处所，正谓此也。

又曰："明解缘虑事物，（明解即性智之发用。此发用现起时，即以所缘虑之事物为外境，所谓外缘是也。事物一词，不唯有形之事物，即如思量义理时，此时心上现似所思之相，亦得名事物。）明征定保，必止于符；（言其解析众理，必举征验而有符应。）先难后获，必戒于偷；知周万物，而未尝逐物。世疑圣人但务内照而遗物弃知，是乃妄测。设谓圣人之知，亦犹夫未见性人之凿以为知也，则夏虫不可与语冰矣。（凿者穿凿，刻意求人而不顺物之理，又乃矜其私智，求通乎物，而未免殉于物也。圣人之知不如此。）"此明性智之发用，缘虑事物而成知识，是乃妙用自然，不容遏绝者也。《语要》卷三谈《大学》"格物"有云："若老庄之反知主义，将守其孤明而不与天地万物相流通，是障遏良知（良知，即《新论》所云性智）之大用，不可以为道也。故经言'致知在格物'，正显良知体万物而流通无阂之妙。格者，量度义。良知之明，周运乎事事物物而量度之，以悉得其有则而不可乱者，此是良知推扩不容已，而未可遏绝者也。"余于《大学》"格物"，不取阳明而取朱子，此即不主反知之明证。《语要》卷二《答任继愈》有云："向来以'尊德性，道问学'为朱、陆异同。（中略）佛家有宗与教之分。教则以'道问学'为入手工夫。宗则以'尊德性'为入手工夫。西洋哲学家有任理智思辨，即注重知识者，亦有反知而尚直觉者。其致力处，虽与陆、王不可比附，要之，哲学家之路向常不一致，而尚直觉者，虽未能反诸德性上之自诚自明，要其稍有向里的意思，则与陆子若相近也。（注意'若相近'三字。）重知识者，比吾前儒'道问学'之方法更精密。然朱子在其即物穷理之一种意义上，亦若与西洋哲学遥契。人类思想大致不甚相远。所贵察其异，而能会其通也。"哲学家路向，略分反知与否之二种，殆为中外古今所同。《新论》本主融通，非偏于一路向者。学问之功，始终不可废思辨，是未尝反知也。学必归于证量，游于无待，（证量即真体呈露，故无待。）则不待反知，而毕竟超

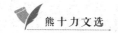

知矣。夫学至于超知，则智体湛寂，而大用繁兴，所谓无知而无不知是也。《新论》附录《与张君》有曰："吾平生主张哲学须归于证，求证必由修养，此东圣血脉也。然学者当未至证的境地时，其于宇宙人生根本问题，有触而求解决，必不能不极用思辨。思辨之极，而终感与道为二也。则乃反求诸己，而慎修以体之，涵养以发之，始知万化根源，无须外觅。宋人小词云'众里寻他千百度，回头蓦见，那人正在灯火阑珊处'，正谓此也。"又曰："玄学者，始乎理智思辨，终于超理智思辨，而归乎返己内证。及乎证矣，仍不废思辨。但证以后之思（思辨，省云思。后仿此），与未证以前之思自不同。孟子曰'如智者若禹之行水也，行其所无事也'，为证后之思言也。"又曰："玄学亦名哲学，是固始于思，极于证，证而仍不废思。亦可说资于理智思辨而必本之修养，以达于智体呈露，即超过理智思辨境界，而终亦不遗理智思辨。亦可云，此学为思辨与修养交尽之学。"又曰："若其只务修养者，喜超悟，厌支离，即在上贤脱然大彻，向下更有事在。其本之一原，而显为万事万物者，律则井然，岂得谓一彻其源，便无事于斯乎。征事辨物之知，要有致曲（致曲，即分析与推求等方法）一段功夫，非可凭一彻而尽悉也。（彻，只是洞识万化之源，灼然证得自家与天地万物同体之真际。）譬如高飞绝顶，其下千径万壑，未曾周历，终不能无迷惘之感。证而仍不废思，是义宜知。总之，哲学应为思修交尽之学。余当俟'量论'畅发此旨。《新论》归于超知而未尝反知。"此于前所说二种路向中，（即知识的与反知的，亦云理智的与反理智，在吾国朱陆二派，"道问学"即是知识的，"尊德性"则近于反知。）无所偏倚，此亦与阳明作用大异处。

三、从来谈本体真常者，好似本体自身就是一个恒常的物事。此种想法，即以为宇宙有不变者为万变不居者之所依。如此，则体用自成二片。佛家显有此失。西洋哲学家谈本体与现象，纵不似佛家分截太甚，而终有不得圆融之感。因为于体上唯说恒常不变，则此不变者，自与万变不居之现象，对峙而成二界。此实中外穷玄者从来不可解之谜。《新论》言本体真常者乃克就本体之德言，此是洞彻化源处。须知，本体自身即此显为变动不居者是。（譬如，大海水之自身，即此显为众沤者是。）非离变动不居之现象而别有真常之境可名本体。（譬如，非离众沤而别有澄湛之境可名大海水。）然则本体既非离变动不居者而别有物在，奚以云真常耶？《新论》则曰："真常者，言其德也。德有二义：德性、德用。曰寂静，曰生生，曰变化，曰刚健，曰纯善，曰灵明，皆言其德也。"德本无量，难以悉命之名。凡德通名真实，无虚妄故。通字恒常，无改易故。真常者，万德之都称。谈本体者，从其德而称之，则曰真常。非以其为兀然凝固之物，别异于变动不居之现象而独在，始谓之真常也。凡读《新论》者，若不会此根本义，虽读之至熟，犹如不读。《新论》卷中"后记"有"释体用""释体常义""释理"三则，提示全书纲要。（见三十六年所印丛书本。）学者所宜尽心。又复应知，本体真常系就德言，则玄学之所致力者，不仅在理智思辨方面，而于人生日用践履之中，涵养功夫，尤为重要。前言哲学为思修交尽之学，其义与此相关。科学于宇宙万象虽有发明，要其所窥，止涉化迹（化迹二字，宜深玩），非能了其所以化也。（备万德故，化化不穷。）苟非体天德者，恶可了其所以化哉？（天德谓本体之德，非谓神帝。体天德之体，是体现义，谓实现之也。）此则哲学之所有事，而非几于尽性至命之君子，不足与闻斯义。渊乎微乎！（尽性至命，解见《读经示要》第二卷。）东土儒释道诸宗，于天德各有所明。世无超悟之资，置而弗究，岂不惜哉？

四、西哲谈变，总似有个外在世界肇起变化者。《新论》却不如此。略明其概：（一）以本体之流行，现似一翕一辟，相反而成化，此谓之变，亦谓之用。（二）本体无内外，不可妄计为离自心而外在。吾人如自识本体，便见得自己兀是官天地、府万物、更无

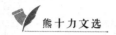

内外二界对峙。斯理也，自吾人言之如是，自一微尘言之亦然。一切物皆从其本体而言，都无内外。（三）本体不可当作一物事去猜拟。至神而非有意也，（非如人有意想分别，或图谋造作也。）实有而无方所与形象也。故老云："玄之又玄，众妙之门。"

五、《新论》之义，圆融无碍。若拘一端，难窥冲旨。

浑然全体流行，是云本体。依此流行，现似一翕一辟，假说心物，（说翕为物，说辟为心。）都无实物可容暂住，是称大用。

上体用别说，用上又假分心物。

自体上言，浑然全体流行，备万理，含万德，（德即是理。天则秩然，名之以理。是为本体之所以得成为本体者，故亦名德。德者得也。）肇万化。说之为物，岂是物？说之为心，亦不应名心。心对物而彰名，此无对故。

右体用分观，心物俱不立。

如大海水现作众沤，（众沤喻用。大海水喻体。）故不妨隐大海水而直谈沤相。全体显为大用，不妨隐体而直谈用相，义亦犹是。

用不孤行，必有翕辟二势，反以相成。翕者，大用之凝摄之方面。凝摄则幻似成物，依此假立物名。辟者，大用之开发之方面。开发则刚健不挠，清净离染，恒运于翕之中而转翕以从己（己者，设为辟之自谓），是为不失其本体之自性者，（譬如沤相依大海水起，而不失大海水之湿润等自性。辟依本体起而不失其本体之刚健清净等自性，义亦犹是。）依此假立心名。

上摄体归用，心物俱成。

体用可分而究不二，故于用识体，则可于心之方面（即辟之方面）而径说为体。以心即辟，确与其翕之方面不同。翕有物化之虞，而心却不失其本体之自性。故严格谈用，心才是用。即用而识体，不妨直指心而名体。譬如，于众沤而知其体即大海水，便于沤相而径名之曰大海水。

又复应知，翕虽物化，而不可偏执一义以言之。所以者何？翕非异辟而别有本事，毕竟随辟转故，则翕亦辟也，同为本体之显也。是故形色即天性，儒言不妄也；道在屎尿，庄谈不虚也；一华一法界，一叶一如来，禅师家证真而有此乐也。

　　上即用识体，心物同是真体呈露。

如上诸义，异而知其类，暌而知其通。庄生所谓恢诡谲怪，道通为一，其斯之谓也。

六、西哲总将宇宙人生割裂。谈宇宙，实是要给物理世界以一个说明。而其为说，鲜有从人生真性上反己体认得来，终本其析物之知，以构画而成一套理论。其于真理，不谓之戏论不得也。《新论》贯通东方先哲之旨，会万物而归一己，不割裂宇宙于人生之外，故乃通物我而观其大原，会天人而穷其真际，合内外而冥证一如，融动静而浑成一片，即上即下，无始无终，于流行识主宰，于现象睹真实。是故迷人自陷于相对，悟者乃即于相对而证绝对。体斯道者，小己之见亡，贪嗔痴诸惑自泯，而天地万物一体之仁，发于不容已。

七、本体虽人人俱足，然人之生也，形气限之，又每缚于染习，故本体不易发现。人生如不务扩充其固有之德用，是失其本体也。《新论》归于创净习与成能，最有冲旨。《语要》卷三《答宗三难〈示要〉释〈大学〉》一书，是承《新论》而作之一篇重要文字。宋明学误于二氏，当以此救之。

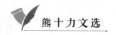

　　以上所言，皆关《新论》之根本旨趣（旨者主旨，趣者归趣），与其精神所在。凡所以鉴观西洋，（西洋哲学家谈本体，大概任理智思辨而向外穷索，即看做为外界独存的物事而推求之。）平章华梵，括囊大宇，折衷众圣，不得已而有言者。其所蕴难以殚论。兹之所及，粗举大意而已。若夫理论之条贯与其中甚多要义，或为读者所不必察者，是在勿以粗心逸智临之而已。

　　　　　　　　　　　　　　　　原载《十力语要初续》

论本心与习心

本论融通佛道二家意思，分别本心与习心。（本心，具云本来的心。习心，则习气之现起者也。其潜伏而不现起时，但名习气。）本心亦云性智，（从人生论与心理学的观点而言，则名以本心。从量论的观点而言，则名为性智。）是吾人与万物所同具之本性。（本性犹云本体。以其为人物所以生之理，故说为性。性者，生生义。）所谓真净圆觉，虚彻灵通，卓然而独存者也。（非虚妄曰真，无惑染曰净，统众德而大备、烁群昏而独照曰圆觉，至实而无相曰虚，至健而无不遍曰彻，神妙不测曰灵，应感无穷曰通，绝待曰独存。）道家之道心，佛氏之法性心，乃至王阳明之良知，皆本心之异名耳。习心亦云量智，此心虽依本心的力用故有，（习心非本心，而依本心之作用故有，譬如浮云非太空，要依太空故有。）而不即是本心，毕竟自成为一种东西。原夫此心虽以固有的灵明（固有的灵明，犹言本心的力用）为自动因，但因依根取境，而易乖其本。根者，即佛家所谓眼等五根是也。此根乃心所凭以发现之具，而不即是心，亦不即是顽钝的物质。今推演其旨，盖即有机物所持有之最微妙的生活机能。其发现于眼处，谓之眼根；发现于耳处，谓之耳根；乃至发现于身处，谓之身根。身处，略当今云神经系。故根者，非即是眼等官体或神经系，但为运于眼等官体或神经系中最微妙的机能而已。此种机能，科学家无可质测。然以理推之，应说为有。此心必凭借乎根而始发现，故云依根。取者，追求与构画等义。境者，具云境界。凡为心之所追求与所思构，通名为境。原夫本心之发现，既不能不依藉乎根，则根便自有其权能，

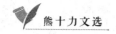

即假心之力用，而自逞以迷逐于物。故本心之流行乎根门，每失其本然之明。是心藉根为资具，乃反为资具所用也。而吾人亦因此不易反识自心，或且以心灵为物理的作用而已。心理学家每从生理的基础如神经系等来说明心，或径以心理作物理观，亦自有故。夫根既假本心力用为己有，而迷以逐物。（此中己者，设为根之自谓。）即此逐物之心，习久日深，已成为根之用，确与其固有灵明不相似。而人顾皆认此为心，实则此非本心，乃已物化者也。此心既成为一物，而其所交接之一切境，又莫非物也。故孟子有物交物之言，是其反观深澈至极，非大乘菩萨不堪了此。夫心已物化，而失其本。孟子既名之以物，而不谓之心。然是物也，势用特殊。虽才起即灭，而有余势流转，如瀑流然，不常亦不断。不常不断者，谓其为物，是个生灭灭生相续不绝的。如前刹那方灭，后刹那即紧相接续而生。刹那刹那，前前灭尽故不常，后后相续生故不断。此不常不断的物事，实为潜在于吾人生活的内部之千条万绪互相结合之丛聚体，是故喻如瀑流。此纷纭复杂，各不相乱，而又交相涉入，以形成浩大势用的瀑流，当其潜伏于吾人内在的深渊里，如千波万涛鼓涌冥壑者，则谓之习气。即此无量习气有乘机现起者，乃名习心。前谓其自成为一种东西者以此。道家所谓人心，实即习心。佛家依他心，亦指习心而言。其说为依他者，正欲显其不实在及非本有故耳。（唯本心是本有的，是实在的。）习心既异本心，因此其在生活方面，常有追逐外物而不得餍足之苦。其在缘虑（缘虑一词，赅认识及思维等等作用而言）方面，则辨物析理，有其所长。然即物而究其本性（犹云本体），穷理而要归一极（一者，绝待义。犹易云太极也），则荡然无相，寂然离系。（谈至此，本来无一物，何系之有。）不可分内外，（无物我故，无对待故。）不可说有无，（谓之有，则无相。谓之无，而实不空。）寻思路绝，（寻者寻求，思者思考，皆杂以习心，所谓量智是也。今此无相之地，则寻思之路，至此而绝。此处非寻思所及故。）语言道断，

（语言之道，至此而断。非口说或理论所可表示得到故。）此唯是神明昭彻，冥冥内证之极诣。而从来哲学家，游意幽玄，辄以向外推度之智，恣其戏论。则以习心未及廓清，无缘自识真性故也。故习心与本心之异，不可以不辨。习心行相（此中行相者，谓习心行于所取境之相状），如后另详。本章所注意者，则将于本心益加提示而已。

或有问言："《新论》本以恒转之动而辟，说明为心。此所谓心，即是本心，非习心也。然心既只是恒转之动，应不即是恒转。（本心，亦省云心，后皆仿此。）易言之，心不即是本体。（恒转者，本体之名。既云心不即是恒转，换言之，心不即是本体。）而《新论》却又说心即本体，其义云何？"答曰："言心即本体者，即用而显其体也。夫曰恒转之动而辟者，此动即是举体成用。"（举字吃紧。直是本体将他自身完全现作大用了。问曰："动而辟者固是用，若其动而翕也，则疑于物化，而不成为用矣。"答曰："翕随辟转，非果物化也。翕辟毕竟不二，只是大用昭然。"非体在用外也。离用不可觅体，（体者用之体。若离用而觅体，岂别有一兀然枯寂世界耶？）故乃即用而识体。（譬如，于沤相而知其是大海水。）夫于本体之动，而名为用。（此中动字，义至深妙，非与静反之谓。动者，言体之显现也。即此显现是至神极妙的功用，故名为用。）用之成也，恒如其本体，而无改于固有之德性。易言之，即体既成用，而恒不变易其真实、刚健、清净、空寂之本然也。（恒字吃紧。真实乃至空寂，皆本体之德也。空非空无，以不受障碍故名。寂非枯寂，以无昏扰故名。）故曰："即体即用，（举体成用故。）即用即体，（全用即体故。）不可析而二之也。"夫心者，以宰物为功，（心者，神明义。以其主乎吾人之一身，而控御万物，不爽其则，故谓之心。）此固是用。（用者，言乎本体之动也。说见上。夫所谓心者，只是依本体之动而得名。所以云心即是用。）而即于用识体，以离用不可得体故，是故克就吾

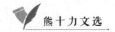

人而显示其浑然与宇宙万有同具之本体，则确然直指本心。人人可以反求自识，而无事乎向外追索矣。

…………

夫本心即性（性者，即吾人与万物所同具之本体），识则是习。性乃本有之真，习属后起之妄。从妄，即自为缚锢。（如蚕作茧自缚。）证真，便立地超脱。难言哉超脱也！必识自本心，即证得真性，便破缚锢，而获超脱，得大自在矣。学者或谓动物只靠本能生活，故受锢甚重，唯人则理智发达，足以解缚，而生命始获超脱。夫本能者，吾所谓染习也。动物以此自锢不待言，理智是否不杂染习，却是难说。吾人若自识本心，而涵养得力，使本心恒为主于中，则日用感通之际，一切明理辨物的作用，固名理智，而实即本心之发用也。是则即理智即本心。自然无缚，不待说解缚。本来超脱，何须更说超脱。若乃未识本心，则所谓理智者，虽非不依本心而起，但一向从日常实用中熏染太深，恒与习心相俱。即此理智亦成乎习心，而不得说为本心之发用矣。夫理智作用，既成为习心作用，纵有时超越乎维护小己的一切问题之范围以外，而有遐思或旷观之余裕，但以其本心未呈露故，即未能转习心，而终为习心转。所以理智总是向外索解，而无由返识自性也。如是，则何解缚之有，又何超脱之有。（颇欲于《量论》中详论理智，老来精力乏，未知能否执笔耳。）上达下达，皆由自致。《易》曰："君子惧以终始。"人生无一息而可自放逸也。（此云惧者，即《中庸》所谓戒惧，戒惧即是本心。）

本心是绝待的全体。然依其发现有差别（差别者，不一之谓）义故，不得不多为之名。一名为心。心者主宰义，谓其遍为万物实体，而不即是物。虽复凝成众物，要为表现其自己之资具，却非舍其自性而遂物化也。不物化故，谓之恒如其性。以恒如其性故，对物而名主宰。（恒如其性，即不至堕没而为颓然之物，故乃对物而名主宰。）二曰意。意者有定向义。夫心之一名，通万物而言其统体（万物统共的实体，曰统体），非只就其主乎吾身而目之也。然吾身固万物中之一部分，而遍为万物之主（主宰省言主，后仿此。）者，即主乎吾身者也。物相分殊，而主之者一也。今反求其主乎吾身者，则渊然恒有定向。（渊然，深隐貌。恒字吃紧。这个定向，是恒常如此，而无有改易的。）于此言之，斯谓之意矣。定向云何？谓恒顺其生生不息之本性以发展，而不肯物化者是也。（生生者，至寂至净也。不寂不净即成滞碍，而恶得生。不息者，至刚至健也。刚健故，恒新新而生，无有已止。以此见生命之永恒性。）故此有定向者，即生命也，即独体也。（刘蕺山所谓独体，只是这个有定向的意。）依此而立自我，（此非妄情所执之我。）虽万变而贞于一，有主宰之谓也。（文言本以《大学》诚意之意释此中意字，实误。明儒王棟、刘蕺山解诚意，并反阳明，亦好异之过。今此中意字，非常途所谓意识，乃与心字同为主宰义。但心约统体而言，意则就个人分上言之耳。）三曰识（谓感识及意识）。夫心、意二名，皆即体而目之。复言识者，则言乎体之发用也。（此中识字意义，与佛教中所谈识，绝不相同。彼所云识，实吾所谓习也。此则以本体之发用说为识。）渊寂之体，感而遂通，资乎官能以了境者，是名感识。（亦可依官能而分别名之以眼识、耳识乃至身识云。）动而愈出（愈出者，无穷竭义），不倚官能，独起筹度者，是名意识。眼所不见，耳所不闻，乃至身所不触，而意识得独起思维筹度。即云思维筹度，亦依据过去感识经验的材料，然过去感识既已灭，而意识所再现起者，便非过去材料之旧，只是似前而续起，故名再现耳。且意识固常有极广远、幽深、玄妙之创发，如逻辑之精严，及凡科学上之发明，哲学之超悟等等。其为自明而不必有待于经验者，可胜道耶。故心、意、识三名，各有取义。心之一名，统体义胜。（言心者，以其为吾与万物所共同的实体故。然非谓后二名，不具此义。特心之一名，乃偏约此义而立，故说为胜。）意之一名，各具义胜。（言意者，就此心之在乎个人

者而言也。然非识之一名上无此义。特意名偏约此义而立，故独胜。）识之一名，了境故立。（感识、意识，同以了别境相而得识名。感识唯了外境，意识了内外境。内境者，思构所成境。）本无异体，而名差别，随义异故，学者宜知。此心、意、识三名，各有涵义，自是一种特殊规定。实则，三名亦可以互代。如心亦得云识或意，而识亦得云心或意也。又可复合成词，如意识，亦得云心意或心识也。

如上所说，感识、意识通名为识，亦得泛说为心。即依此心之上，而说有其相应心所。（谓有与此心相叶合之心所故。）夫心所法者，本佛家教中谈识者所共许有。所之为言，非即是心。而心所有，（心所法者，不即是心，而是心上所有之法。）系属心故，（恒时系属于心，而不相离。）得心所名。（叙得名之由。）惟所于心助成、相应，具斯二义，势用殊胜。云何助成？心不孤起，必得所助，方成事故。（成事者，谓心起而了境，如事成就。此必待所为之助也。旧说心所亦名助伴者以此。）云何相应？所依心起，叶合如一，俱缘一境故。然所与心，行相有别。（行相者，心于境起解之相，名行相。心所于境起解之相，亦名行相。）《三十论》言："心于所缘，唯取总相。心所于彼，所缘亦取别相。"（亦者，隐示亦取总相。）《瑜伽》等论，为说皆同。唯取总者，如缘青时，即唯了青。（青是总相。）不于青上更起差别解故。（差别解者，即下所谓顺违等相是也。）亦取别者，不唯了青，而于青上更著顺违等相故。（如了青时，有可意相生，名之为顺。有不可意相生，是之谓违。此顺违相，即受心所之相也。顺即乐受，违即苦受故。等者，谓其他心所。如了青时，或生爱染相，即是贪心所之相也。或生警觉相，即是作意心所之相也。或生希求相，即是欲心所之相也。自余心所，皆应准知。）旧说心唯取总，如画师作模，所取总别，犹弟子于模填彩。如缘青时，心则唯了青的总相是为模，而心所则于了青的总相上，更著顺违等相，便是于模填彩。可谓能近取譬已。然二法（心及心所）根本区别云何，此在印度佛家未尝是究。大乘师说，心心所各有自种。虽不共一种而生，然种则同类，（心种与心所种，虽非一体，要是同类。）即无根本区别可得，如我所说心乃即性。（此中心者，即前所云意识及感识，以其为本心或本体之发用，故云即性。可覆玩前文。若佛教中谈识，则谓每一识中有一心，乃对心所而名为心王。实则彼所谓心及心所，只是依习心而妄作分析耳，与吾所言心，绝不同义。）心所则是习气现起，（此中习气通染净，非单言染习。）所唯习故，纯属后起人伪。（伪者为义。习气无论染净，皆属人为。）心即性故，其发现壹本固有。其感通莫匪天明，覆征前例。了青总相，不取顺违，纯白不杂，故是天明，唯心则然。若乃了青，而更着顺违等相，熏习所成，足征人伪，是则心所。（顺违之情，自是熏习，深体之自见。）故以性、习判心、心所，根本区别斠然不紊。心即性故，隐而唯微。（人之生也，形气限之，其天性常受障而难显。）所即习故，粗而乘势。（习与形气俱始，故粗。其发也如机栝，故云乘势。）心得所助，而同行有力。（心本微也，得所之助而同行，则微者显。）所应其心，而毋或夺生。则心固即性，而所亦莫非性也。反是而一任染心所（染心所，如下所举无明贪嗔等等）猖狂以逞，心乃受其障蔽而不得显发，是即习之伐其性也。习伐其性，即心不可见，而唯以心所为心。所谓妄心者此也。

夫习气千条万绪，储积而不散，繁赜而不乱。其现起则名以心所，其潜藏亦可谓之种子。旧以种子为功能之异名，吾所不许。然习气潜伏而为吾人所恒不自觉者，则亦不妨假说为种子也。即此无量种子，各有恒性，（染种不遇对治，即不断绝。故有恒性。）各有缘用，（缘者，思量义。种子就是个有思量的东西，不同无思虑的物质。但思量的相貌极微细耳。）又各以气类相从，（如染净异类。）以功用相需，而形成许多不同之联系。即此许多不同之联系，更互相依持，自不期而具有统一之形式。（既具有统一之形

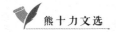

式，便知是全体的。）古大乘师所谓赖耶、末那，或即缘此假立。小乘有所谓细识者，（细者深细。）亦与此相当。今心理学有所谓下意识者，傥亦略窥种子之深渊而遂以云尔耶。习气潜伏，是名种子；及其现起，便为心所。潜之与现，只分位殊，无能所异。旧说心所从种子生，即是潜伏之种子，为能生因。而现起之心所，为所生果。因果二法，条然别异。如谷粒生禾，真倒见也。故知种子非无缘虑，但行相暧昧耳。前谓种子各有缘用，以种子即习气，元是虚妄分别法等流不绝故。旧说种子为赖耶相分，即无缘虑，必其所生识，方有缘虑。此盖妄分能所，故有此谬说耳。然种子现起而为心所之部分，与其未现起而仍潜伏为种子之部分，只有隐现之殊，自无层级之隔。无量习心（此中习心，为习气之代语）行相，恒自平铺。（一切习气互无隔碍，故云平铺。）其现起之部分（心所），则因实际生活需要，与偏于或种趋向之故，而此部分特别增盛，与心俱转。（谓与意识及感识相应。）自余部分（种子）则沉隐而不显发。故非察识精严，罕有能自知其生活内容果为何等也。（察识犹云观照。若返照不力，则染污种子，潜滋暗长，而不自知，丧其固有生理。危哉危哉！）

摘自《新唯识论》语体文本"明心"上章

论理与气

一

谈至此，还有一个问题须附带说及，就是我国哲学上自两宋以来的理气问题。这个问题，由宋明迄今，还是不曾解决。从来哲学家关于理气的说法，虽极复杂，但根本争端不外理气是否截然为二之一大问题。此中争论极多，几于家自为说，人持一见。我现在不欲征引先儒的说法，更不暇评判他们先儒的短长。（将来容有旁的论述。）只好本我的意思予理气以新解释。我先要审定理气二字的意义。

气字，当然不是空气，或气体和气象等等气字的意义。常途每以形气二字连用，（形气二字的意义，有时用得很宽泛。宇宙万有亦总云形气。）这里的气字，犹不即是形气之称，至后当知。我以为，这气字只是一种生生的动势，或胜能的意思。（此中胜能，不是物理学上所谓能力，在上章开始几节中，有一节谈及此，可复看。）此气是运而无所积的。（运者，动义，或流行义。动势生灭相续，故云流行。刹那生灭，无物暂住，故云无所积。）动相诈现，犹如气分（分读份），故名为气（言气，即显无实物故）。详核此所谓气，正是本论所谓用。至于万有或形气，唯依动转的迹象，假为之名，非离一切动势，有实形气。

理字，本具有条理或法则的意义，但不可如宋明儒说是气上的条理。宋明儒中，许多人把气说为实有的，因以为理者只是气上的条理。如此，则理的本身竟是空洞的形式，只气是实在的。明儒持这种见解的更多，即在阳明派下，也都如是主张。他们阳明后学一面谈良知（即本心），不得不承认心是主宰，一面谈气是实有，理

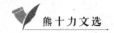
反是属于气上的一种形式，颇似心物二元论，甚乖阳明本旨。我在此处不欲多作评判，只说我对于理气的解释。我以为，理和气是不可截然分为二片的。理之一词，是体和用之通称，气之一词，但从用上立名。气即是用，前面解释气字的意义时，尽说得明白。理之一词，何以是体用之通称呢？因为就体而言，此体元是寂然无相，而现似翕辟万象，（翕辟即是万象，复词耳。现者，显现，或现起义。似者，以万象不可执为定实，故置似言。）即众理灿然已具。（万象，即是众理故。）故此体，亦名为理。又体之为言，是万化之原，万物之本，万理之所会归，故应说为真理，（佛家说真如名真理。）亦名实理，（程子每言实理，即斥体言之。）也可说是究极的道理。（此中道理，系复词。道字亦作理字解。）就用而言，翕辟妙用，诈现众相，即此众相秩然有则，灵通无滞，亦名为理，即相即理故，（两即字，明其不二。）或相即是理故。（比上语较径直。）前所云理，当体受称，是谓一本实含万殊。后所云理，依用立名，是谓万殊还归一本。理虽说二，要自不一不异。体用义别故，故不一；即用即体故，故不异。析理期详，俟诸《量论》。

摘自《新唯识论》语体文本"功能"下章

二

【释理】宋儒似有云，理虽散在万事，而实管乎一心。（语句或稍不同，不能全忆，而意实如此。）每闻学者好举此语，实不澈也。由此说，理仍纯在事物上，心能管统事物之理而心犹不即是理也。凡宗守朱子之学者皆主此说。若如我义，心物根本不二。就玄学上说，心物实皆依真理之流行而得名。（真理即本体之名，佛家以真如名为真理。伊川、朱子好云实理，亦本体之名。）此义见透，即当握住不松。因此在量论上说，所谓理者，一方面理即心，吾与阳明同；一方面理亦即物，吾更申阳明所未尽者。程子曰"理在物"，科学家实同此意。如此，则先肯定实物，再于物上说有个理，是乃歧物与理为二也。自吾言之，物之成为如是之物即理也，不可将物与理分开。据常识言，即执物而求其理，智者却于万物而识众理散著。由此见理世界实无所谓物的世界也。你谓然否？吾欲《量论》中详谈理。老当昏世，恐未能也。《新论》"功能"下章有一段谈理气，而说理之一词，通体用而言。用之一名，核以吾义，则先儒所谓理气之气亦即是用，而用亦即是理，固不当离理与气而二之也。

伊川云："冲漠无朕，万象森然已具。"以吾义通之，冲漠无朕，说为一理。万象森然，不可徒作气来会。当知万象森然，即是无量无边的众理秩然散著也。（万象云云，即无所云用，用即众理散著。前言用亦即是理者，以此。）冲漠无朕，而万象已具，是一理含无量理，故言体而用在。又当知，万象森然，仍即冲漠无朕，故言用而体在。是无量理本一理也。一为无量，无量为一。宇宙人生真蕴，如是而已，妙极。

哲学谈到形而上之理，自是真真实实的物事。佛家云真理，伊川云实理，意义深微。如非真实，何能备万德而肇万化乎？空洞的形式，无实体而靡所寄，且无能生德用，将别假材料而与之合以成物。不悟空形式与顽笨材料，二本相离，又如何结合耶？前儒言理气，已多误。程、朱犹未免支离，后学更甚，今更不堪问矣。（答贺自昭。参看上卷《唯识上章》谈理处，及下卷《成物章》谈范畴诸文。）

原载《新唯识论》语体文本卷中后记

三

夫所谓本体固具许多潜能者，何耶？能者，犹言可能性。因为本体是万理赅备之全体，而无有一毫亏乏的。如其有所亏乏，便不成为本体。须知本体是圆满至极，德无不全，理无不备。所以目为化原，崇为物始。（始字须善会。由此本体遍为万物之实体，

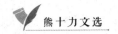

故云物始。非谓其超脱于万物之上，如宗教家所云上帝也。）然复应知，本体是必现为大用，是即体即用，而不可分体用为二的。但是，我们为讲说的方便计，姑且把体别离开用来说，即是把万理赅备的本体界，当做无穷尽的可能的世界。这无穷尽的可能，正是隐而未现，恰好像是一个静止的世界。所谓本体固具许多潜能者，其义如此。艮卦之所示者，只此而已。

然而本体是即静即动的，（此言动者，变义，非如俗所计物件移动之动。）即止即行的。（湛然寂止，故浩然流行。浮乱则未有能行者也。善体天化者，体之于己而可知。）易言之，即体必现为用。夫体现为用，其化也神。神化则新新而起，不留其故。（前用才起即灭，后用即生，是通前后而皆新，焉有故化可留。）积顿以成渐矣。（用之生，或化之起，只是顿起耳。然每起皆顿，积不已之顿而成渐。）前面曾说，本体是万理赅备之全体，（此语宜善会。体之为体，不是兀然顽钝的物事。他只是万理赅备的全体。但不可妄计本体别为一物事而为能有万理者。若作是计便大谬。体之为体即是众理赅备故。）亦即是具有无穷尽的可能的世界。这些可能，自必以渐而发现。有时甲种的可能发现，而乙丙等等的可能，或暂隐而不现。如低等的心作用发现时，而高等的心灵尚未显发，是其例也。久之隐伏的可能，终当发现，至此则化机通畅，即是本体现为大用，渐近完成时。渐近云者，则以事实上无所谓完成。《大易》终篇，才示既济，而即继以未济，其旨深哉。一真之体，现为大用，行至健而无止息也。使有完成，则化几且息。本体不将为死体乎。《中庸》曰"至诚无息"，与《大易·未济》之旨互相发明。至哉斯义，焉得解人而与之默于无言。夫化几畅而及于遂（遂者，上文所谓完成。及于之言，犹渐近也。），故有欣悦象焉。此兑卦之所示也。（欣悦，只是表示一种畅达的意义。化几之运，如自无机物以至人类的心灵昭显，可谓畅达，而几于完成矣。故以欣悦象之。）

如上所说，本体是含藏万理，不妨假说他（本体）是具有无量的可能的世界。（此中含藏二字，须善会，非有能藏所藏可分。若分能所，则是二之也。后凡有类此之词者，皆准知。）故体现为用，则用之著也有渐。夫用不孤起，故有一翕一辟可言。翕而成物，物则始于简单，终于复杂。如星球之形成，如生物之发展，及其他事物，莫不由简趋繁，辟则心之名所依以立。泰初有物，而心灵未现。未现者，非无有也，特居幽而至微耳。及有机物出现以后，而心灵发展，日益殊胜。故即翕辟二方面征之，皆见用之著也有渐。夫用者固理之所为，无有一用之生而非其本体所含或种理之所发现者。（无有二字，一气贯下。）问曰："言或种理者，则是理有种类可分。夫理者本体之目，曷为可分种类？"答曰："《金刚经》言'真如非一合相'。真如即本体之名，一合相者谓混然积聚相，泯其分理也。本体岂是如此顽钝的物事，故非之。当知本体是万理赅备的。易言之，万理交容交摄，而为一全体，是名本体。由体非一合相，故言万理，故可假说种类，却非如分别事物之种类者然。切忌谬执。夫理唯至足，无所不备，而为潜在的无量的可能的世界。故用相之或未现者，（用相者，用之相故，斯云用相。以用起必有相状故。用者翕辟也，翕则物相生。辟无物相，而非无相，但其相不可以感官接耳。或未现者，如高等心灵作用在人类未生之前，即未现此相也。）而其理固具于本体，特未显发耳。程子所谓'冲漠无朕，万象森然已具'，正谓此也。（冲漠无朕，形容本体空寂。无障染名寂，无形相无意欲名空。泊然无迹兆可得，云无朕。万象森然即理。）理体（理体者，以本体是万理赅备，故名）成为大用，是不容已的向前开展。正如老子所云'虚而不屈（不可穷竭，云不屈），动而愈出'。有人说，宇宙是层复一层的创化不已，如物质始凝，而后有生命，有心灵，渐次出现，以此证老氏不屈与愈出之义。此说吾不谓然。生命与心灵不容分为二，离心灵无别生命可说故。可覆看前谈坎离二卦中。此义明儒已多言及，但辞略耳。又物质始凝时，非无生命或心灵。本论随在发挥斯义。余以为欲明不屈与愈出，不必如说者所云。如物理世界由流之凝，由浑之画，由单纯而之复杂。心灵则自其当无机物时，隐而不显，迄至人类，乃特别发达。如哲学家极渊微的神解，科学家极奇特的创见，及凡文化上一切伟大制作的慧力，都是一层一层的创化不已。此正老氏所谓不屈与愈出之义。其所以不屈与愈出者，正以含藏万理，故能如此耳。理体世界的可能，恒是无尽藏。大用流行的世界，只是变动不居，而终不能尽其理体之所有，完全实现。理体是圆满的，用相有对而无恒，不能无缺憾。此大化所由不容已，而人生终不绝其希望也夫。（人生唯向上，而反诸自性，方得圆满。自性谓本体也。若不悟此，而沦溺于流行的世界中，不能于流行而识真体，则将逐物不反，唯长苦缺憾而已。）”

夫理无不备，而用待以成。故用相之现也，乃即相即理。（相者用相，后仿此。用相即理之所成，故云即相即理。）用相有所未现（未现见前注），而理体元无不备，则不可妄臆相方未生，即无有此理也。异哉王船山之说曰：“天下唯器而已矣。道者，器之道也。无其道则无其器，人皆能言之。虽然，苟有其器矣，岂患无道哉。无其器则无其道，人鲜能言之。而固其诚然者也。洪荒无揖让之道，唐虞无吊伐之道，汉唐无今日之道，则今日无他年之道者多矣。未有弓矢而无射道，未有车马而无御道，未有牢醴璧币、钟磬管弦，而无礼乐之道。则未有子而无父道，未有弟而无兄道，道之可有而且无者多矣。故无其器则无其道，诚然之言也。而人特未之察耳。”（《周易外传》卷五。）详船山所谓道，相当吾所谓理。船山所谓器，相当吾所谓相。（相者，具云用相。注见前。）由船山之说，则理体非固有，非大备，非圆满无亏之全体。直须有如是相，而后有如是理。相方未现，即固无此理也。然则用固无体，凭空突起乎？如观海者，不悟众沤以大海水为体而始起，乃直谓其凭空突起，则人无不笑其倒妄者。船山之见，又何以异是。夫用则屡迁（迁者，不守故常），而理唯法尔完具。（完者完全，谓理无所不备。具者，谓理乃本来具有，不由后起。）人类未生时，而为父为兄之理，固已先在。（慈爱之理，自是本体固有的，故云先在。后仿此。）牢醴璧币、钟磬管弦，此等事物未出现时，而为礼为乐之理，要皆先在。推之未有弓矢车马，而射御之理先在。及凡古今异宜之事，当其未现，而理自不无。夫理备而数立，（理极备，故有数。而数亦无不备。）相则理之乘乎数以动而始显。理数者，无假于相而固存，而相则依理数以显。（依字须善会。非以此依彼也。相成于理，而相即是理。相因乎数，故不异数。）但理之成乎相也，以其圆满大备之全体，深远无穷极，浩浩如渊泉而时出之。（出者，出流义。渊泉极深极博，故其出，非可一泻而尽，故言时出，犹曰时时不已于出耳。）夫出者，渊泉之实现也。时时不已于出，则渊泉终不能举其自所固有者而完全实现之。有余故不竭也。理体现为用相，亦同此况。故相不即是理之全现，而理恒极备矣。

如上所述，理体为潜在的无量的可能的世界，故以艮卦表之。理体现为大用，化几畅矣，故以兑卦表之。今复略为疏抉，以绝疑误。

一曰，理者是实法（实法者，谓其有实自体也。虽其自体不是具有形质的，要是实有，而非空洞的形式之谓），非假法（假法者，谓其只是空洞的形式，而无有实自体也）。或以为理字具有条理与法式、轨范等义。故是共相。此等共相，乃离开现实界之特殊物事而自存于真际界云云。（此说本之西洋谈逻辑者。）如其说，则真际界与现实界显划鸿沟，不可融会。此已难通。而其所谓理，又只是空洞的形式，例如方等。彼计方的桌子等之方，是一切方的桌子等之共相，亦说为理。夫方的桌子等，在俗谛说为实有的物事，而方的共相，则只是空洞的形式而已。今若仅在逻辑上，以共相为特殊物事的型范，而不与形而上学中所谓理者相混，似犹可说。兹乃以共相，应用到形而上学里来，以为是现实界中特殊物事之所据以成者。而此共相既是空洞的形式，又谓其离开现实界而独存于真际界。则二界如何发生关系，既难说明，且此空洞的形

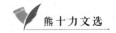

式，无实自体，又如何说为真际，且得为特殊物事所依据以成者乎？果尔，则是无能生有，殊不应理。详彼所说，与本论所谓理的意义，极端相悖，不容相滥。本论乃直指本体而名之以理，本体是实有，不可视同假法。说共相为理者，只以理为空洞的形式，如方等，则理便属假法，何得为一切物之实体。此其不得不相简别也。然本论所云理，亦不妨假名共相。因为理是有实自体的。但其自体，既非如现实界物事之可破析为断片。却亦不是顽然而一，无有条理和轨范的呆板的物事。（却亦至此为句。）譬如一颗种子，通常看做是顽然而一的物事。实则不然。他已是具有萌芽及根干、枝叶、花实种种的可能，便见得他是具有许许多多的条理和轨范了。理的自体上具有条理和轨范，也可由此譬而得其解。但譬喻只取少分相似，不可因譬而转生执着，将理体当做现实界的物事去推测也。从理体之具有条理与轨范的方面来说，亦得假名共相。但此共相，既是依本体或实体上假说之，则非克就假法上立名，（世所言共相，只是假法。）与常途所用共相一词的意义自不同。

二曰，理之现为相（相者具云用相。见前），不待别立材质而与之合。如果把理说为一种空洞的形式或法式，则必需于理之外，更建立一种气为材质，而理乃与之搭合以成物。如此，似未免戏论。宋儒言理气，已有未尽善处。后人遂有以气为材质，而理别为法式，遂成种种支离之论。（余于此不欲详或别为笔札。）今在本论所谓理者，既是实体，所以不须别找材质。理体渊然空寂（渊然，深远貌。无障染名空，非空无也。无昏扰名寂），空故神（神者，灵妙之极。体离障染故），寂故化。（化者，生生之盛。唯湛然真寂，故生化不穷也。）神化者，翕辟相互而呈材。（翕为辟而起，辟资翕以行，故云相互。实则一体之流行，现作翕辟二势也。材者，具云材质。但此材质字，须活看，不可作质碍解。翕才起而材质现。庶物万象，于此而立。）生灭流行不已，而造化之情可见。（翕辟势用，才生即灭，无暂时停滞。如此新新而生，流行无已，所以谓之神化。造化即谓神

化。情者，动发之几。非机械性，故以情言之。此情字义深，须善
会。情者用也，但用字义宽，大用流行，若有神几，说为情故。）是
故材质者，理之流行所必有之势也，其情之至盛而不匮故也。材呈，
故谓之相。（相者，用之相。见前。）故曰理之现相，不待别立材质
而与之合。以其为至实而非无故也。（世之以共相言理者，只是空洞
的形式。即等于无。）

三曰，理体与用相，不可分为二界。天理流行，即名为用。用
则有相诈现，故云用相。（名理体以天理者，至真绝待，不可更诘所
从来，故云天也。理之流行，即予以用名。用则有相状现，而相状无
实，不暂住故，遂去诈现。）全体成用，全用即体，何可判以二界？
譬如水成为冰，（水以喻理体，冰以喻用相。）水本含有坚凝、流润
及蒸汽种种可能。今成冰，即坚凝之可能已实现。自余许多可能，
暂隐而不现，非消失也。然水与冰不一不异。（不一者，水与冰有别
故。不异者，冰之实体即是水故。）理体与用相，亦复如是。（有体
用可以别诠，即不一。体者，用之本体，云何可说为异。）

［附识］宋儒说理不离乎气，亦不杂乎气，是直以
理气为两物，但以不离不杂，明其关系耳。此说已甚误。
明儒则或以气为实在的物事，而以理为气之条理，则理且
无实，益成谬论。后之谈理气者，其支离又不可究诘。
余以为理者，斥体（体者，本体）立名，至真至实。理之
流行，斯名为用，亦可云气。（气者，非形气或空气等气
字，乃即流行的势用，而形容之以气也。此气字，即谓有
势用现起，而非固定的物事也。中卷有一段言及此。）故
气者，理之显现。而理者，气之本体也。焉得判之为二
乎。复次欲所谓现实界，则依用相或气，而妄执为实物
有。（实物有者，吾人因实际生活，而执有一切实在的东
西。遂不悟用相之神变不居，而只计有实物。故云实物

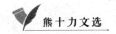
有。）此则纯为情见所执耳。其实，非离用相或气而别有如是现实界也。

摘自《新唯识论》语体文本"成物"章

论心与境

综括以前所说，只是不承认有离心独存的外境，却非不承认有境。因为心是对境而彰名的，才说心，便有境，若无境，即心之名也不立了。实则心和境，本是具有内在矛盾的发展底整体。就玄学底观点来说，这个整体底本身并不是实在的，而只是绝对的功能的显现。这个道理，留待后面《转变章》再说。现在只克就这个整体底本身来说。他整体底本身却是具有内在矛盾的发展的，因为他是一方面，诈现似所取的相貌，就叫做境；另一方面，诈现似能取的相貌，就叫做心。（诈现的诈字，其涵义只是不实在的意思。）境的方面，是有和心相反的趋势。心的方面，是有自由的、向上的、任持自性、不为境缚的主宰力。所以心和境两方面，就是整体的内在矛盾的发展，现为如此的。我们只承认心和境是整体底不同的两方面，不能承认境是离心独在的。我们要知道，从我底身，以迄日星大地，乃至他心，这一切一切，都叫做境。（此中他心者，谓他人或众生的心。）我底身这个境，是不离我底心而存在的，（凡属所知，通名为境。自身对于自心亦得境名，是所知故。）无论何人，都不会否认的。至若日星大地，乃至他心等等境，都是我的心所涵摄的，都是我的心所流通的，绝无内外可分的。为什么人人都蒙昧着，以为上述一切的境都是离我的心而独在的，这有什么根据呢？实则日星高明，不离我的视觉，大地博厚，不离我的触觉，乃至具有心识的人类等，繁然并处，不离我的情思。可见一切的境，都是和心同体的。因为是同体的，没有一彼一此的分界，没有一内一外的隔碍。才有感，必有应。（感谓境，应谓心。）才有应，必

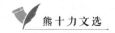

有感。正如人的一身，由多方面的机能互相涵摄，成为一体，是同样的道理。据此而谈，唯识的说法，但斥破执有外境的妄见，并不谓境是无的，因为境非离心独在，故说唯识。唯者，殊特义，非唯独义。心是能了别境的，力用特殊，故于心而说唯。岂谓唯心，便无有境。或有问曰："说心，便涵着境，故言唯心。说境，也涵着心，何不言唯境？"答曰："心是了别的方面，境是被了别的方面，境必待心而始呈现。应说唯心，不言唯境。"或复难言："境有力故，影响于心，如脑筋发达与否，能影响智力的大小，乃至社会的物质条件，能影响群众的意识。应说唯境，不当唯心。"答曰："意识虽受物质条件的影响，而改造物质条件，使适于生活，毕竟待意识的自觉。智力大小，虽视脑筋发达与否以为衡，但脑筋只可义说为智力所凭借的工具。（此中义说二字，谓在义理上可作这样的说法。以后凡用义说者皆仿此。）所以，着重心的方面而说唯心，不言唯境。"

或复有难："如果境不离心独在，这种说法是不错的。试问科学上所发见物质宇宙的一切定律或公则等，纯是客观的事实。虽我人的心，不曾去了别他，而他确是自存的，并不是待我的心去了别他，方才有他。今言境不离心独在，如果承认这种说法，则科学上的定律公则等，也不是离心独在的么？"答曰："所谓定律或公则等词的意义，相当于吾先哲所谓理。吾国宋明哲学家，（宋朝初建，当公元九六〇年。明朝初建，当公元一三六八年。）关于理的问题，有两派的争论。一、宋代程伊川和朱元晦等，主张理是在物的。二、明代王阳明始反对程朱，而说心即理。（这里即字的意义，明示心和理是一非二。如云孔丘即孔仲尼。）二派之论，虽若水火，实则心和境本不可截分为二，（此中境字，即用为物的别名。他处凡言境者皆仿此。）则所谓理者本无内外。一方面是于万物而见为众理灿著；一方面说吾心即是万理赅备的物事，非可以理别异于心而另为一种法式，但为心上之所可具有，如案上能具有书物等也。唯真知心境本不二者，则知心境两方面，无一而非此理呈现，内外相泯，滞碍都捐。如果偏说理即心，是求理者将专求之于心，而可不征事物。这种流弊甚大，自不待言，我们不可离物而言理。如果偏说理在物，是心的方面本无所谓理，全由物投射得来，是心纯为被动的，纯为机械的，如何能裁制万物、得其符则？（符者信也。则者法则。法则必信而可征，故云符则。）我们不可舍心而言理。二派皆不能无失，余故说理无内外。说理即心，亦应说理即物，庶无边执之过。关于理的问题，至为奥折，当俟《量论》详谈。今在此中，唯略明理非离心外在云尔。"

又如难者所云："科学上的定律公则等是离心自存的，并不是待我的心去了别他方才有他的，以此证明一切境是离心独存的。"这种说法，确是极大的错误。我们须知道，一切一切的物都是心量所涵摄的。凡为了别所及的境，固然是不曾离我的心，即令了别不及的境，又何尝在我的心外？不过了别的部分，或由数数习熟的缘故，或由作动意欲加以警觉的缘故，遂令这部分的境，特别显现起来；至若了别不及的部分，只沉隐于识阈之下，不曾明著，但决不是和我的心截然异体，不相贯通的。如果作动意欲去寻求，那么这种沉隐的境也就渐渐的在我心中分明呈露了。以是征知，凡所有的境当了别不及的时候，也不是离心独在的。尤复当知，所谓定律、公则，毕竟是依想和寻伺等等，对于境物的一种抽象与选择作用而安立的。（想和寻伺，详下卷《明心章》，皆是量智的作用。）若离想等，则境上有此定律公则与否，要不可知。故难者所举的义证，毕竟不能成立外境。

吾国先哲对于境和心的看法，总认为是浑融而不可分的。如《中庸》一书，是儒家哲学的大典，这书里面有一句名言。他说明白合内外的道理，随时应物无有不宜的。（原文云："合内外之道也，故时措之宜也。"）这句话的意思是怎样呢？世间以为心是内在的，一切物是外界独存的，因此，将自家整个的生命无端划分

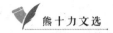

内外，并且将心力全向外倾，追求种种的境。愈追求愈无餍足，其心日习于逐物，卒至完全物化，而无所谓心。这样，便消失了本来的生命，真是人生的悲哀咧。如果知道，境和心是浑然不可分的整体，那就把世间所计为内外分离的合而为一了。由此，物我无间，一多相融。（此中一谓小己，多谓万物。）虽肇始万变，不可为首，（言虽万变不穷，而实无有人格的神，为首出的创造者。此本《大易·乾卦》篇中的意思。）而因应随时，自非无主。（此心随时应物，自然不乱。可见这个心，就是一种主宰力。）用物而不滞于物，所以说无不宜。《中庸》这句话的意思很深远，从来直少人识得。孟子也说道："万物皆备于我矣。"孟子盖以为万物都不是离我底心而独在的。因此，所谓我者，并不是微小的、孤立的、和万物对待着，而确是赅备万物成为一体的。这种自我观念的扩大，至于无对，才是人生最高理想的实现。如果把万物看做是自心以外独存的境，那就有了外的万物和内的小我相对待，却将整个的生命无端加以割裂。这是极不合理的。孟子这句话，至可玩味。程明道说"仁者浑然与万物同体"，也和孟子的意思相通。陆象山说："宇宙不在我的心之外的。"（此中宇宙一词，是万物的总称。）他自谓参透此理时，不觉手舞足蹈。他的弟子杨慈湖曾作一短文（题名《己易》），很能发明师说，虽文字极少（或不到一千字），而理境甚高。后来王阳明学问的路向和陆象山相近，王阳明也是昌言"心外无物"的。他的弟子，记录他底谈话，有一则云："先生游南镇。一友指岩中花树问曰：'先生说天下无心外之物。现在就这花树来说，他花树在深山中自开自落，于我的心有何相关呢？'先生曰：'汝于此花不曾起了别的时候，汝的心是寂寂地，没有动相的。此花也随着汝心同是寂寂地，没有色相显现的。（此时的花，非无色相，只是不显现。）汝于此花起了别的时候，汝心便有粗动相。此花的色相，也随着汝心同时显现起来。可见此花是与汝心相随属的，决不在汝心之外。'"阳明这段话，可谓言近而旨远，实则这种意趣，也是孔孟以来一脉相承的。

本来，境和心是不可分的整体之两方面，我们似乎不必说识名唯，但因对治他们把一切境看做是心外独立的这种倒见，所以要说唯识。又复当知，由二义故，不得不说识名唯。一、会物归己，得入无待故。如果把万物看做是心外独存的境，便有万物和自己对待，而不得与绝对精神为一。今说唯识，即融摄万物为自己，当下便是绝对的了。二、摄所归能，得入实智故。能谓心，所谓境。心能了别境，且能改造境的，故说心名能。境但是心之所了别的，且随心转的，故说境名所。唯识的旨趣，是把境来从属于心，即显心是运用一切境而为其主宰的，是独立的，是不役于境的。但这个心，是真实的智，而不是虚妄的心，此不容混。（参看《明宗章》及本章首段。）唯识的道理，是要从自家生活里去实践的，不实践的人也无法信解这个道理。我们应该承认，万物都是我心所感通的，万有都是我心所涵摄的，故一言乎心，即知有境，一言乎境，知不离心。我人的生命是整个的，若以为宇宙是外在的，而把他宇宙和自己分开来，那便把浑一的生命加以割裂。这正是人们以倒见为刃而自刺伤啊。

境和心本来是浑融而不可分的，为什么人都妄计一切境是离心独在的呢？这种妄计并不是无来由的。因为人生不能舍离实际生活，没有不资取万物以遂其生长的。郭子玄说，人的生存，其身体长不过七尺，却是要遍取天地间的物资来奉养他，这是实在的情形。凡天地万物，不论是感官感得到的和感不到的一切的东西，都是人生所必需，不可一刻或无的。假设有一物不具备，我人就立刻不能生活下去了。子玄这段话，虽似平易而意思却很深远。我人因为要资取万物以维持生活的缘故，所以一向习于追求种种的物。（此中习字，吃紧。他的追求，是惯习的，并不自觉的。）当初，因于物起追求，遂不知不觉而看一切物好像是外在的境，亦复由此，更要加倍的驱役自心向外驰求种种的境。这样的驰求无有休

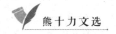

止，自然会成为一种惯习。这种惯习既成，我们每一动念，总是由他作主。换句话说，惯习的势力，就成为我们的心。（就是所谓习心。）这种心起来，便执定一切物是外在的境，以为事实如此，绝不容疑了。

我在这里，还要便提一段话，就是空间时间的相，是由人心执定有外在的境才有的。因为执定有外境，就于一一的境觉得有分布相，如东西等方、远近等距离。这种分布相，就叫做空间相。同时，于一一境也觉得有延续相，如过去、现在、未来。这种延续相，就叫做时间相。所以空相和时相，都缘在日常经验里，执有外境而始现的，并非不待经验的。或有难言："分布（空相）和延续（时相）是物质宇宙存在的形式。这种形式，是我人对于一切物的知识所由成立的最根本底基础，如果否认这种形式，便是否认物质宇宙的存在，那么，我们就不会有对于一切物的知识了。但是，照你的说法，外境根本是没有的，只是虚妄的心误执以为有的。而空相和时相又是缘外境的虚假相而同时诈现的。这样，便把空、时和外境一齐否认了。我们对于一切物的知识还能有么？"答曰："汝这番问难，甚有意义。但吾为对治执境为离自心而外在的谬见故，说无外境，并不谓境无。须知，执有外境的人，也不是凭空能起这种执的，因为有当前的境，他才依着此境而起心分别，以为这个境是离我的心而外在的。我要斥破他这种妄执，就说，如你所执的外境，根本是没有的，因为我所谓实有的境，根本不像你所执为外在的。我只要破他的妄执罢了，事实上他起执的时候何尝不依着当前的境而始起此执呢？既许有境，则空相分布时相延续自是境的存在的形式。换句话说，空、时是与境俱有的，因此，我人对于一切物的知识所由构成的最根本的基础，不会摇撼的。我们要知道，理智作用是从执境为离心外在的这种虚妄的惯习里而发展来的。一切知识的根荄，就是以妄执外境的惯习为田地而栽培着的。如果不执境为离心外在的，他也不会对于境来处理和解析，及加以思维等等的。那么，我们真个不能有对于一切物的知识了。这样说来，如果知识是不可无的，所谓执有外境的惯习，岂不是应该赞美的么？此复不然。应知，执有外境的惯习是无可说为好的。我们不应该于境起妄执，只可随顺世间，设定一切物是外在的境，从而加以处理及思维等等。仅如此设定，这是无过的。但必须知道，就真理上说，境和心是浑融而不可分的。如果执境为离心独在，以为真理实然，那便成大过了。道理是活的，不可执定一偏之见来讲的。好像八面镜罢，你在这面去照，是这模样的，你向那面去照，又是那模样的，向八面去照，没有同样的。我们讲道理，应该分别俗谛和真谛。随顺世间，设定境是有的，并且把他当做是外在的，这样，就使知识有立足处，是为俗谛。泯除一切对待的相，唯约真理而谈，便不承认境是离心外在的，驯至达到心境两忘、能所不分的境地，是为真谛。如上所说的意思，我在此不能深谈，当俟《量论》详说，姑且作一结束。"

摘自《新唯识论》语体文本"唯识"上章

答张东荪

一

北大转到来教一封，系弟未抵平时所发。本日又得惠书。兹略答如下：

一、前函谓宋明儒实取佛家修养方法，而实行儒者入世之道，其内容为孔孟，其方法则系印度云云。弟于此微有异议。果如来教，则宋明儒学乃两相搭合而成。如此拉杂，成何学术。为学方法与其学问内容，断无两相歧异之理。向来攻宋明诸师者，皆谓其阳儒阴释。此真横议。吾兄不谓宋明学全出释氏，但谓其方法有采于彼，是其持论，已较前人为公而达矣。然弟犹有异议者，何耶？则以孔孟儒学之内容，必不能全用印度佛家方法故也。夫孔曰求己，曰默识；孟曰反身，曰思诚。宋明儒方法，皆根据于是。虽于佛家禅宗有所参稽兼摄，要非于孔孟无所本，而全由葱岭带来也。（朱子讥陆象山之学由葱岭带来。今借用其语。）凡一学派之传衍，恒缘时代思潮，而使旧质料有所蜕变，新质料有所参加，此中外所莫不然。宋明之世，佛家禅宗思想已盛行，诸儒不能不受其影响，亦何足怪。实则，宋明儒于孔孟之形而上学方面，确属深造自得，而有伟大之成绩。其思想皆自成体系。但散见语录，非深心体玩，则莫之能知耳。至若甄验物理人事，足以利用，则晚周儒生之学，所为广博，而不偏于玄学一途，宋明儒则不免疏于实用，亦参融禅学之过也。陆、王之徒既反对程、朱大学格物之训，而程、朱以即物穷理言格物，又但有主张而未尝详究方法。其平居体验人事物理，盖不外暗中摸索与凭颖悟所觉获。既无精核之方法，则虽明物察伦，亦往往冥会其通，而未尝解析部分、明征定保，以构成某一部门系统的知识。此科学所由不发达也。兄疑其方法全采印度，或以此欤。然弟则以为，宋明儒本偏于玄学一途，其玄学方法仍承孔孟，虽有所资于禅，要非纯取之印度。故于尊论微有异议也。夫孔门注重六艺（礼乐射御书数，即简单的科学），孟子精研政治与社会问题，特有发明。非但为鞭辟近里之功而已。及宋明儒则一意反身默识，以充其德性之知，而于征事析物，即所谓闻见之知则不免视为外驰。虽此言容稍过，至少亦有此倾向，是其视晚周儒家已变而狭矣。大抵东方哲学与西洋哲学各有范围、各有方法，并行则不悖，相诋终陷一偏。科学以由感官所得经验为依据，非用客观的方法不可。哲学所穷了者为本体，而宇宙本体，实即吾人所以生之理，斯非反求与内证不为功。故东方之学终非科学所能打倒。明知此论为时贤所不许，但不妨向吾兄一倾吐耳。

二、第二函谓英人怀特海之哲学与弟之《新唯识论》颇有相通之点。余生撰一文以相比较。余生于怀特海既未知所得如何，其于《新论》至多不过粗通文句。文句有限也，而文句所诠之意义乃无限。余生目前尚未了解《新论》，又何从比较耶？今学子习于肤浅。吾侪从事论述，唯此孤心长悬天壤耳，若欲索解人于当世，恐为自苦。

三、前夕尊寓畅谈，孟劬先生略及今之治史志者，异执朋兴，此诚无可如何。弟以为今日考史者，皆以科学方法相标榜，不悟科学方法须有辨。自然科学可资实测，以救主观之偏蔽；社会科学则非能先（先字是着重的意思，非时间义）去其主观之偏蔽者，必不能选择适当之材料以为证据，而将任意取材，以成其僻执之论。今人疑古，其不挟私心曲见以取材者几何。真考据家亦须有治心一段工夫。特难为今人言耳。

附张东荪答函云：复书拜悉。所说宋明儒学与佛学之

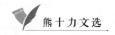

关系一段，细绎之，与弟所见亦无大差。特弟前函太略，未将所欲言者充分说出耳。弟以为反身、思诚等，在孔孟本人或有此种体验，但当时并未厘为固定之修养方法。自宋明诸儒出，有见于禅修，乃应用印度传统之瑜伽方法从事于内省，（由敬与静而得。）遂得一种境界。此境界虽同为明心见性，然与佛家不同。盖佛家所得者为实证真如，而宋明儒家所得者为当下合理。二者所达不同，而其为内修则一也。以西方术语言之，则一为玄学的，一为伦理的；一为求见宇宙之本体，一为体合道德之法则。潜修以窥破本体，其结果得一"寂"字。一切皆空，而空亦即有；于是事理无碍，事事无碍。潜修以体合道德，（道德二字似太狭，不如直呼为做人较妥。）其结果得一"乐"字。宋明儒者之诗，如有云"万物静观皆自得"与"时人不知予心乐"者，不可以寻常句子看待也。故印度之文明始终不离为宗教的文明，而中国之文明则始终不失为伦理的文明。宗教的文明，无论其本质何似，而总不免有出世色彩。至于伦理的文明则纯粹为入世之物。此点可谓宋明儒者在人类思想史上一大发明。弟将为长文以阐明之，不知公亦赞成否。漱溟于此似已稍稍窥见，特不知与弟所领会者果相同与否耳。

二

答教拜悉。弟以为儒家与印度佛家同为玄学，其所不同者，一主入世、一主出世而已。真如不是一件物事，除却当下合理，又何所谓真如。涅槃经乃最后了义，即于心之常乐我静而说为如。（具云真如。）故"乐"之一字不必为儒佛之判也。唯佛主出世，故其哲学思想始终不离宗教；儒主入世，故其哲学思想始终注重伦理实践。哲学不止是求知，而是即知即行。所谓体神化不测之妙于庸言庸行之中。此儒术所为可贵也。总之，儒佛二家之学均广大渊微，浅智所不能了。今人亦无肯肄习者。尊论何时脱稿，甚愿得一读也。

又"当下合理"一词，若深究其涵义便甚难言。其所以为当下合理者，以是本体呈显故耳。若不见体，又何当下合理可言。夫子"七十从心所欲不逾矩"，才是当下合理之极致。佛位亦不过如此。凡夫本有此种境地，但习染所蔽，不克发现，不自证得耳。吾兄以求见本体归之佛，而谓儒者为体合道德之法则，似谓当下合理即缘体合道德法则之效果。此弟所未能印可者。须知若不见体，则所谓道德法则便纯由外铄而无内在的权度。此告子义外之论，所以见斥于孟子也。唯见体故，斯有道德之法则可言。孟子所谓居安资深，取之左右逢源者，乃无往不是天则，无时无在而非当下合理。宋儒诗所谓"等闲识得东风面，（此喻见体。）万紫千红总是春"，可谓善于形容。到此境地，佛谓之大自在，儒者谓之乐，《涅槃经》亦谓之乐。

儒者的然实证本体而不务论议，专在人生日用间提撕人，令其身体力行而自至于知性知天。（知性知天，即证体之异语。）故儒家之学，自表面观之，似只是伦理学，而不必谓之玄学，实则儒家伦理悉根据其玄学。非真实了解儒家之宇宙观与本体论，则于儒家伦理观念必隔膜而难通。

儒家注重践履，此其所长。而由此不务敷陈理论，则了其精义宏旨者，仅少数哲人。而大多数人乃无从探索，而不见其有何物，此亦儒术所以衰也。

华严四法界，归于事事无碍。到此与儒家无二致。会通四子、六经，便见此意。

弟每欲有所论述，顾衰世百艰，苦无意趣。若有少数同志随时短简商榷，必不无所解发。朱子诗云"旧学商量加邃密"，至有味也。

附张东荪答函云：二次复书拜悉。弟意尚有未伸者，

请再为公陈之。弟以为所谓玄学的与道德的云云，甚至于本体论、宇宙论、认识论之分别，皆基于西方学术重分析之精神而出。遂有此种分别部居之事。至于东方则根本上为浑一的，故谓宋明儒学为道德的一语，却决不包含有宋明儒学为非玄学的之义在内。以在西方，所谓道德的与玄学的二义可以互相排斥；而在东方（中国），则此二义非但不相排拒，且常并为一义，不可强分。尊函论及本体一层。弟自西洋哲学之观点以观，觉稍有申论之必要。盖弟始终以为本体论为西方哲学之特色。有人谓认识论为西方所独有，殊不知印度哲学上之认识论实甚精微。印度哲学亦讲本体，但其本体即是所谓如，并不是一件东西。以西方术语言之，乃系以宇宙论代替本体论也。中国思想亦然。中国最古之玄学自是《易经》。《易经》只讲宇宙论，而无本体论。若以不甚正确之言表之，则可谓西方确有本体论，印度只是以宇宙论当本体论讲，中国又只是以人生论当本体论讲。吾谓宋明儒者修证之结果得一"乐"字者，其玄学的背景当然根据于《易》，此即生生不息之理。以大宇宙之生生不息，遂致小宇宙（即个人）能有此心活泼泼地之一境也。因其玄学的背景不同，故佛家之修证与宋明儒者亦不同。弟尝谓佛家之修证在于得见。其为见也，犹如庖丁解牛。宋明儒者之修证在于所行。其为行也，恰似行云流水。因其为见，故为当下直指。因其为行，故为遍体流行。其结果，得见者只能得一"澈"字，而得行者乃可得一"乐"字。此二者之别也。且弟始终觉得西方之道德观念与宇宙见解、本体主张，可以相关联，但仍必为三者，不可混而为一。中国不然，其道德观念即其宇宙见解，其宇宙见解即其本体主张。三者实为一事，不分先后。此种态度，在西方则统名之曰神秘主义而鄙视

之。弟则以为中国思想之优点亦正在此。特如何以保留此
种优点，而仍能卓然自立于西方文明大昌之今日，则颇为
问题。诚以东方之自得之乐与西方之驭物之智，如何融合
并存，不得不大费苦心矣。弟极思有以解决之，而深感一
人之力有限，此则非区区短笺所能尽述者也。

原载《十力语要》中《复张东荪》
《再答张东荪》两篇，现合为一篇

答唐君毅

一

来函所说二端，其前一端，固吾夙所主张也。体会之功，所以自悟。论辩之术，虽为悟他，而自悟亦资之。此土儒道均尚体会而轻论辩，其得在是，失亦在是也。测物之知毕竟欠缺也。印土佛家自悟悟他，双方兼顾，诚如所云。然诸大论师毕竟尚玄悟而不基实测，与远西学者论辩之术又不同途。至云根本道理与各部门散殊的知识，本非暌而不通。此则诚谛，吾何间然？宣圣曰"一以贯之"，般若说"如，非一合相"。（如者具云真如。唯如非一合相，所以非混条然万法而为如。乃即此条然万法而皆是如也。故一贯之旨，非混万为一，正于万见一。）唯其如此，故智者依本智而起后得。（佛家依根本智，起后得智。）德性之知既扩充，而闻见之知，亦莫非德性之用。（儒家认识论中以此为极则，实与佛家本后二智义相通。）故学者求知，虽不遗散殊，而要在立本。来书所举第二端与第一义自相关，毋须别答。

吾贤次难，似于《语要》卷一未尝措心。卷一《答张东荪先生书》中曾言所以作《新论》之意。此土著述，向无系统，以不尚论辩故也。缘此而后之读者求了解乃极难。亦缘此而浅见者流不承认此土之哲学或形而上学得成为一种学。《新论》劈空建立，却以系统谨严之体制，而曲显其不可方物之至理。学者诚肯虚心、细心，熟习此论，必见夫此土晚周儒道，以迄宋明，旁及印土大乘，其诸哲学家中对于宇宙人生诸大问题，无不网罗融合贯穿于《新论》之中。彷徨周浃，无所遗憾。又其针对西洋哲学思想以立言，而完成东方哲学的骨髓与形貌。若治西洋哲学者而头出头没于其推论设证之间，不获昂首网罗之外，一究真理蕴奥，则于《新论》寄意，亦必漠然，谓为无物。此诚无可如何之事，而亦无所用其计较者也。《新论》只是完成东土哲学或形而上学。其立言自有领域，然未尝排除知识，即非不为科学留地位。须知，讲哲学者只不反对科学与知识；其为书也，非必取世间各种知识而悉叙说之也。

儒者何尝专讲一本而遗万殊。假设阴阳，以明变易不易之理。而天道（天道者，本体之代语）之奥，与夫人事物理之至动至赜而不可亚、不可乱者，莫不究明焉。（《易系》曰："言天下之至赜而不可恶也。"案荀爽恶作亚，次第也。设举一事一物而推寻其因果关系，实无穷无尽，乃辗转相缘以俱有。莫穷其始，莫究其端，何可为之次第耶？荀说是。）此大易所以与天地准也。《春秋》本玄以明化，（董子《春秋繁露·重政》云："元犹原也。"何休《公羊注》云："元者气也。无形以起，有形以分，造起天地，天地之始也。"）深察百国政俗与人群变端，因推三世以明大同太平之休美。甚盛哉！制割万有而赞襄大化者，是所以文成数万，其指数千也。《易》与《春秋》，其义皆在辞外，宜乎守文者所不与知。若乃《礼》《乐》之隆，原本性情，周行万物万事而莫不畅。《诗》则极人情之真，而人生意义之丰富，于兹可识。儒者之道，如此其广大悉备也。而吾贤乃谓其专论一本而遗万殊，何哉？夫学者，读古书贵通其意，六经之言，虽运而往矣。若其微意所存，则历劫常新，而未尝往也。学者求之六经而得圣人之意，则学不当陋，而道岂容拘？智周万物而后不陋。易简理得乃始无拘。善学者，博约兼资，约以造微。（微者单微，理之极致，则易简也，故谓单微。又微者微妙，所谓众妙之门是也。约者，实践实证、实有诸己之谓。博者徒务多知。纵上究乎玄，而仍不离知见也。约则极玄，而体之日用践履之间，心与理冥为一，不只是一个空洞的知见。）博以尽物。（尽物者，谓穷尽万物之理。）夫物理不可胜穷

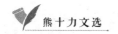
也，而精练于或种部分之知识者，勿以一曲之见而衡一切。足以知类不紊，又必观其会通而究其玄极。其斯之谓尽物矣。君毅有才气而能精思。吾所属望至切。倘得缘会，析诸疑义，则孤怀寥寂之余，良得所慰已。

二

来书云，毅觉徒谓玄学与科学领域不同、方法不同、分工而治，尚不能完全解决哲学之问题。盖玄学之真理与科学之真理，既同为真理，则人不能不问此种真理与彼种真理间如何流通。若玄学真理为究极的真理，则人不能不问科学之真理如何可汇归或依附于玄学真理。自此点而言，西洋哲学实有其独特之价值。以西洋哲学之主要问题，实即此问题。即如康德、黑格尔、柏格森、怀特海等，均系自分析科学中之概念、假设，以指其必汇归或依附于玄学真理者云云。此等问题太大，殊难简单作答。若详言之，必须成若干册，至少亦一巨册。焉得有此气力。无已，仍本吾意略答。玄学、科学，皆缘吾人设定有所谓宇宙（什么叫做宇宙，自是一种设定。）而试行穷究其中真理，即由穷究故，不得不方便善巧，姑为玄学科学之区别。科学尚析观（析观亦云解析），得宇宙之分殊，而一切如量，即名其所得为科学之真理。（于一切法，称实而知，是名如量。）玄学尚证会，得宇宙之浑全，而一切如理，即名其所得为玄学之真理。（于一切法，不取其相，冥证理体而无虚妄分别，是名如理。）实则就真理本身言，元无所谓科学的与玄学的这般名字。唯依学者穷究之方便故，则学问不限一途，而或得其全，或得其分。由此，假说有科学之真理与玄学之真理，于义无妨。

来函谓"科学之真理如何可汇归或依附于玄学真理"。余以为就宇宙论言，善谈本体者，一方面须扫相（相者谓现象界）以证体。若执取现象界为实在者，即不能见体，故非扫相不可。然另一方面却必须施设现象界，否则吾人所日常生活之宇宙，即经验界，不得成立。因之吾人知识无安足处所，即科学为不可能。佛家说五蕴（五蕴，谓现象界）皆空，似偏于扫相一方面。《新论》说本体之流行，即依翕辟与生灭故，（翕辟、生灭，皆谓流行。）现象界得成立，亦复依翕辟与生灭故。说现象界无实自体，易言之，便于现象界而不取其相，即于此而见为真体之呈显，是即扫相证体。

由成立现象界之一方面而言，科学上之真理已有依据。由遮拨（遮拨云云，即上所谓扫相证体）现象界之一方面而言，玄学上之真理即有依据。

设问：何故成立现象界，同时复遮拨现象界？答言：成即涵遮，否则成立之名不立；遮即涵成，否则遮拨之名亦不立。

谈至此，君毅必犹谓科玄两种真理，虽各有依据，但科学上之真理，如何可汇归或依附于玄学真理，仍未解答。吾复诘汝：汝道真理是个什么东西？他既不是呆板的东西，何须以此一种理汇归或依附于彼一种？但学者探索真理，则有由科学之途析观宇宙，得其分殊而竟昧其全者，似其所得之真理，犹不免支离破碎，而须要有所汇归或依附。若尔，则赖有玄学明示宇宙之为浑全的；其所以为浑全的者，乃于分殊相上，不执取此分殊相。易言之，即于分殊相而见实相。（实相即实体之异名。）强以喻明，如于一一沤相不执取为一一沤相，而直于一一沤相，皆见为大海水。此一一沤相虽万殊，而一一沤相都无自性，其实体即大海水故。故于众沤见大海水。即离分殊而得浑全，一味平等。前所云于分殊相而见实相者，义亦犹此。

如上所说，浑全不是离开一一分殊的，而别为空洞之一境，又不是混合这些分殊的而作成一个总体，却是即此一一分殊的而直见其皆即实体之呈显。易言之，即于宇宙万象而不计著为物界，但冥证一极如如。（一者，言其无待。极者言其为理之极致。

如如者，常如其性故。盖于分殊而识其本体，当下即是真常。）其微妙如此。

总之，体则法尔浑全，用则繁然分殊。科学上所得之真理，未始非大用之灿然者也，即未始非本体之藏也。（用者体之用。故《易》曰"藏诸用"。"藏"字义深。如本体是顽空的而没有用，即现象界不能成立，科学亦不可能，焉有所谓科学之真理？唯体必有用，所以科学有可能。而其所得之真理，亦可说是依实体显现故有。所以从本体方面说，此理亦是他所内涵的，故谓之藏。）如此，则玄学上究明体用，而科学上之真理已得所汇归或依附。余自视《新论》为一大事者，以此而已。君毅犹有疑焉何也？西洋哲学家何曾识得体用。其谈本体，只是猜卜臆度，非明睿所照，故往往堕于戏论。

以上略明吾所主张。以下就来函疏误处，稍事解析。

来函云，玄学之真理与科学之真理，既同为真理，则人不能不问此种真理与彼种真理间如何流通？此段话，于科玄真理直下断定之词，未有说明，似觉不妥。吾于此将提出二问：一、玄学之真理，果以谁家所见为真理乎。二、科学上之真理，果与玄学真理同为真理乎。举此二问，仍自作答如下，聊以奉质。

答一问曰：玄学上之真理，果以谁家所见为真理？此自有哲学以来截至现在，常为不得解决之问题。即由现在以趋未来，其永远不得解决，当一如今昔之状态可知也。然则玄学上之真理果皆无据而不成为真理乎？非也。玄学家者，其根器利钝与熏修疏密，彼此相较，不止千差万别也。而玄学之对象又甚深微妙，非如日常经验界的事物可以质测也。故古今恒不乏少数之玄学家得到真理，而大多数不堪了达真理之学者，反与之为敌而不肯信，非独不信而已，又自以其迷谬之知见而为真理。于是朱紫淆而莫辨，雅郑乱而失鉴。此玄学上之真理所以难有一致印许者也。此事如欲详谈，便如一部《二十五史》，从何处说起？吾亦唯有本吾个人见地而略言之。

　　吾确信玄学上之真理决不是知识的，即不是凭理智可以相应的。然虽如此，玄学决不可反对理智，而必由理智的走到超理智的境地。吾常求此而有契于佛家。佛家对于世间所谓宇宙万象，确曾作过很精密的解析工夫，决不是糊涂的漫然否认现前的世界。所以在稍闻佛法的人，都承认佛家是凭理智来解决他对于宇宙人生诸大问题，不仅靠情感上的信仰作安慰。一般人对佛家这种看法，似乎没有错。然或者只看到如此而止，则不同小小错误，却是根本不了解佛家。须知，佛家唯一的归趣在证会。而其所以臻于证会之境地，在行的方面，有极严密的层级。（如十信等等乃至十地。许多专门名词今略而不谈。）在知的方面，则任理智而精解析。至其解析之术，精之又精，则将一向情识计著，不期而自然扫荡。于是不见有少法可取。（犹云无有些少实物可得。）友人张东荪尝言，今日新物理学的趋势，反不承认有物。吾谓此无足奇。科学上解析之术愈精故耳。然佛家若只是解析，则可以有科学之贡献，（佛家诚然富有极精深的科学思想。）或不必成功玄学。就令本解析之术建设一种玄学，亦不过分析概念，构成许多理论，以建立某种本体。（某种者，如心或物及一元与多元等。）虽复持之有故，言之成理，然其所成立的真理，毕竟是其脑筋中构画的一幅图案，犹如一架机械。此与实际的真理决定不能相应。（相应义深。能证入所证，冥合为一，方得名相应。）佛家所呵为戏论者，正谓此辈。故在佛家虽精解析，但以之为扫相（扫相，说见上文）之一种方便，将情识中所计著的实在的宇宙，一经解析，如剥芭蕉，一层一层的剥去，便不见有实物了。他不独对物界来解析，就是对内心的观察，亦用精严的解析术。所以他在心理学上，很早就打破了神我或灵魂的观念。他更精于解析概念或观念，发见他是些虚妄分别或意计（意计者，意识周遍计度，曰意计）构画的东西，所以剥落这般僻执的知见。总之，佛家利用解析来破分别法执，（佛家说执有二

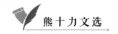

种：一俱生，二分别。凡日常思想见闻与学问上的思想及理论并主
张等等，一切不依正智而生，只从妄识筹度而自坚执不舍者，总名
分别法执。旧亦言我执，而此不及者。据实，我执亦法执摄，故但
言法执可也。然分别执尚粗，可以解析作相当对治。俱生执便深细
难断，恃解析而无修养，则不能断执。每有学问家终不透悟真理
者，无养故也。）随顺入法空观，（法执不空，无有见体。佛家
"观"之一字，其意义幽奥难言。到了修法空观的时候，便超过了
解析的工夫。这时，理智作用便开始转化成正智，但未纯耳。观法
亦可叫思维法。《解深密经》所谓"如理作意，无倒思维"是也。
此不是常途所谓思维或思想，不可误会。又叫思现观。其功候浅
深，极难言。）为趣入证会境地之一种开导。但是知行须合一并
进。如果只务解析而缺乏修行或涵养，决定无从达到证会的境地。
所以，证会不是很容易谈的。后来宗门喜言顿悟，不独大小乘空有
二派罕言之。即就《阿含》考察释迦氏的思想，便可见他注意解析
与修养的工夫，哪可轻言顿悟？如果要说顿，除非一顿以前经过许
多渐悟。譬如春雷轰然一声，阳气之积以渐故也。佛家确是由理智
的而走到一个超理智的境地，即所谓证会。到了证会时，便是理智
或理性转成正智，离一切虚妄分别相，直接与实体冥为一如，所谓
正智缘如。此时即智即如，非有能所，（后来唯识师说正智以真如
为相分，便非了义。）通内外、物我、动静、古今，浑然为一，湛
寂圆明。这个才是真理显现，才是得到大菩提。佛家学问，除其出
世主义为吾人所不必赞同外，而其在玄学上，本其证会的真实见地
而说法，因破尽一切迷执，确给予人类以无限光明。无论如何，不
容否认。

其次，儒家底孔子，尤为吾所归心。孔子固不排斥理智与知
识，而亦不尚解析。此其异于印度佛家之点。然归趣证会，则大概
与佛家同。孔子自谓"默而识之"。默即止，而识即观也。止观
的工夫到极深时，便是证会境地。《论语》记子曰："天何言哉？

四时行焉，百物生焉。天何言哉？"非证见实相（实相，即实体异名，亦即真理之异名），何能说得如此微妙。孔佛同一证体，然亦有不似处。佛氏专以寂静言体，至于四时行百物生的意义，彼似不作此理会。缘他出世主义，所以不免差失。本体是寂静的。孔子若不亲证到此，便不会有天何言哉之叹。唯其湛寂，无为无作，故以无言形容之。然大用流行，德健化神，四时行而百物生，以此见天理之不容逆。夫子其至矣乎！然孔子下手工夫与佛家又各有不同，当别为论。

《新论》发明实相，融会华梵，斯于玄津，实作指南。所冀仁贤，降心加察。

答二问云：科学真理果与玄学真理同为真理与否？此在主张科学万能者与哲学上之唯物论者，必绝对的肯定科学上之真理，而唾弃玄学或哲学不值一钱，以为玄学上之真理只是幻想。今欲审核科玄两造之真理，必先将两造所谓"真理"一词其涵义各为何等加以刊定。然后科学真理与玄学真理为同与否，不辨自明。

真理一词，在玄学上大概有如下之意义：一是遍为万法实体。（亦云宇宙本体。）二是其为物也，（真理非物也，而此云物者，不得已而强为指目之词。如老子云道之为物。）法尔本然，（法尔，佛书中名词，犹言自然。而不译自然者，意义深故。本谓本来。然谓如此。本来如此，曰本然。不能更问理由。）不由想立，（哲学家多任思想构画以安立本体，不悟此理周遍圆满，默而存之，炤然现前，岂假想立？一涉乎想，便构成一件物事，所谓捏目生华，早自绝于真理矣。）不依诠显。（此理不可以言诠显，言者所以表物故。《易》曰"默而成之，不言而信"。）三是唯证相应。智与体冥，无有内外、物我等等对待之相。离分别故，离戏论故。具此三义，方名玄学上之真理。易曰"易简而天下之理得"，即谓此也。

真理一词，在科学上意义如何？姑且略说如下：一、必设定

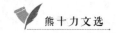

有客观的存在之事物，即所谓日常实际生活的宇宙或经验界。此理（科学上之真理）方有安足处所。程子说"在物为理"，此理诚是在物的，不是由心所造的。易言之，即是纯客观的。二、此理之发见，必依据感官经验得有证据。虽各科学上许多真理之发明常由玄想，然玄想与空想及幻想等不同，必其经验甚多而神智开豁，不拘一隅，纵心于虚，妙观幽奥。及其发见之后，又可于经验界得其佐证。三、如上所说，则此理之获得，必由纯客观的方法，又能为一般人所公认。四、此理之自身，在其所以存在之条件下，必有不变性。除非其条件因或种变故而更革或消失，则此理亦随之消失。（如现时各科学上之许多真理，虽依经验界的事实为据，但这些经验的事实以何为标准而测定其相互关系与法则。此在吾人总不外以其所在之地球为标准。设一旦地球粉碎或失其常轨，则不独地质学与生物学等等之真理，顿时丧失其真的性质与价值，即天文学上之真理亦起变革。即理化等等科学上之真理，将无一不随地球粉碎而与之俱碎。如今日所测定电子之性质与振动速度及其相互关系等等，在今日视之为真理，然或一旦值地球运行失轨时，则今日所测定电子之速度等等，或不能不起变异。如地球完全粉碎，则其时电子之波动为何状甚难设想。即令其时宇宙不能停止动力，而其动力仍将有形成电子之趋势，此或可以吾《新论》所谓形向者名之，然此形向之动势，不必与今日科学所测定于电子者相同，而今日所有关于电子之种种真理，尔时或不存在。）然如其条件不曾有更革或消失，则此理仍自有不变性。如设想将来世界，太阳系之关系一如今日，则太阳从东方出之真理一定如今日而不变，此为真理自身存在所不可缺之一义。如其无此，则一切事物都是不可捉摸的，更有何真理可言。五、此理虽有不变性，而非绝对无变易性。非绝对故，即是分殊的。因此理托足于经验界，而经验界的事物都是对待的现象，都是无量无边各种互相关联的事情。此理非他，就是存在于无量无边各种互相关联的事情中之法则或规律。（就理对事情说，便是理存在于事情之中。就事情对理说，便是事情具有此理。须知理不是空洞的形式，事情不是杂乱无章。事情与理实际上是分不开的，但言词上又不能不别说。）然复当知，事情与关联两词只是言语上不能不分。实则，关联非别为空架子，事情不是有如独立之一支柱。除了事情，固找不着关联；除了关联，也寻不着事情。只好说事情就是互相关联的。这样看来，事情自然不是绝对的无变易性。事情既是无量无边各种互相关联的东西，所以存在于其中之理是千条万绪而分殊的了。六、此理虽说是在物的，是纯客观的，实亦离不开主观的色彩。如物理学上之粒子说与波动说，毕竟不可征知世界的实相，而只是吾人主观上对于世界之一种图景。但科学总是力求避免主观的偏蔽与妄臆等等，而完全注重外在世界的事实的发现，所以说为纯客观的。举此六义，而科学上所谓真理一词，其意义已可了然。

科玄两造所谓真理，既分别刊定如上。玄学上真理一词，乃为实体之代语。科学上真理一词，即谓事物间的法则。前者（玄学真理）为绝对的真实，后者（科学真理）之真实性只限于经验界。此其不同可知。

又科学上之真理，上来略以六义刊定。然第一义中设定有客观的存在之事物，即所谓经验界，以为其真理之安足处所。此即其根本义，自余诸义皆依此得成。据此而谈，科学真理得所托足，实赖玄学给以稳固的基地。玄学唯以穷究实体为其本务。须知，一言体便摄用，无用即是顽空，体义不成故；一言用便摄体，无体即是顽空，作用义不成故。所以，有体必有用。大用流行，幻现众相。（幻义是活义。详见《新论·转变章》。）科学便把住流行的幻相，而设定为客观的存在之事物即经验界，科学真理才有安足处所。换句话说，即是吾人的知识有了安足处所。假使没有玄学真理，则诚有如来函所虑，科学真理将无所汇归或依附。（《新论》

发明体用，可谓诚谛，而学者多不了。）科学真理虽依玄学真理为基地，然不得与玄学真理同为真理。（他的本身是站在一种设定之上的。）或问：大用流行，有物有则，科学依此建立。如何说科学真理不得与玄学真理同其真实。答曰：从一方面言，宇宙万象至赜不可亚，（亚义，见前函。繁然万象，不可为之次第。正以其互相关联而又向前扩张不已，所以说不可次第也。）至动不可乱。（繁然万象，实非静物，故次言至动。虽不可为之次第，而非无法则。佛家言增上缘法，所谓由此有故彼有，而互相关联与扩张不已之中，自有则而不可乱焉，则又未常不强为之次第也。《系传》此二语，其义相互发明，广博浩瀚。）于此见大用流行，即于此知科学上之真理皆玄学真理的内涵。所谓一为无量（一谓玄学真理。无量谓科学真理。下准知），无量为一是也。但从另一方面言，科学把住流行的幻相，当做存在的物事去探寻，就因为吾人在日常实际生活方面，一向享用实物的观念，不期然而然的要如此。虽说科学不断的进步，对于物理世界的观念并不是如常识一般的看做很固定的物事。然而无论如何，科学总要设定外界的独立存在。（外界亦云物理世界，亦云自然界，亦云日常生活的宇宙或经验界。）始终脱不开看静物的方法，所以在科学上无法体会流行的真际。就令谈变动，总要做一件物理的现象来解释。而流行的真际除非证体时才可得到。友人马一浮《新论序》曰："穷变化之道者，其唯尽性之功乎。"此意从来几人会得。我常说，科学上安立了物，而玄学上虽一方面随顺科学，予他安立物界的基地，但其根本态度和方法，却要把一切物层层剥落，乃至剥落净尽，才识得科学真理的基地之真相。谈至此，科学之真理不得与玄学真理同为真理，当可豁如。

玄学所以要归诸证会，这个道理儒家尽管去做工夫而不肯说。佛家却费尽千言万语，种种破执，无非欲引人入证会之路。佛家所谓执者何，就是一个计著有物的观念。《十力语要》卷一有一书，谈佛书中法字义，值得深玩。

科学不应反对玄学，哲学家更不宜置本体而不究。除去本体论，亦无哲学立足地。《新论》刊行之一部分只是谈体，但此书孤行，读者总多隔阂。诚如来函，须完成《量论》为佳。然衰世百艰，又且忽焉老至，精力实不堪用。此诚无可如何。

科学家或有轻视玄学、哲学家或有菲薄本体论者，此无他故。大抵人情对于成见，则难与穷神；滞于有取，则无皆证真。玄学上之真理，体万物（体万物者，谓此真理遍为万物实体）而非物，故不可以物求索；肇群有而不有，故莫得以有形遇。（有形者域于形。真理虽为群有所肇始，而真理不即是有。若执有之形貌以拟真理，则乖违已甚矣。）虽复曰希曰夷，未脱视听，（老云"视之不见名曰夷，听之不闻名曰希"。实则不可见闻之理，初未常遗脱见闻之物而独存。故体玄者一闻一见，莫非希夷之存。岂常拘于闻见，取物而遗理哉。）无声无臭，不离日用；（准上、可知。）而有碍之心终不达夫神旨，下士之智恒自绝于天德（天德用为真理之形容词，按《中庸》云"苟不固聪明圣知达天德者，其孰能知之"）。此玄学所以难言也。

写至此，吾已倦极，即当截止。唯有所附及者，前答张东荪先生谈宋明儒书，彼最后有一答函布在哲刊，吾未作复。东荪常考虑中国学术思想如何能得今后治西洋学术者之了解，而使中西有融通或并存之益。此诚极大问题。吾虽有些意思，但犹待研讨，未欲发表。东荪最后答吾函，以本体论为西方哲学之特色。吾谓西洋学者探索本体之精神固可佩，但其本体论大概是戏论。又云，《易经》只讲宇宙论而无本体论。此说殊不然。本体不可直揭，故就用上形容。若会《易》旨，即其中辞义无非显体。《易》有太极与一阴一阳之谓道云云，《系传》固已分明指出，然玄奘法师亦谓《易》不谈体，（奘师挟门户之见，本不能了解《易》义。）不独东荪有此说。至谓佛家之修证在于得见，儒者之修证在于所行，揣其意，言

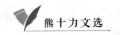
见自不遮行，彼决不谓佛家是空洞的见解故；言行亦不遮见，彼决不谓儒者是冥行故。要之，儒佛异同，暂可不问。自家寻着落，却是要紧。总望吾贤虚怀大受，不独私衷之幸。而此学此理，将有所寄。吾同郡老儒毕斗山先生云：中国学人二大劣性，不肯服善，不肯细心。是可为戒。

原载《十力语要》中《答君毅》《答唐君毅》两篇，
现合为一篇

论玄学方法

承寄《思想与时代》第十三期评《新论》一文，其后有疑问三点，复承嘱答复。吾大病初痊，老来不易恢复康健，意兴萧索，略酬明问，不得畅所怀也。第一，贤者认为吾之玄学方法非纯恃性智或体认，实亦兼恃量智，此见甚是。但若疑吾有轻量智之嫌，则或于吾书有未仔细看也。又《量论》未作，则吾之意思隐而不彰者实多，又向未有接谈之机会，宜贤者不尽悉素怀也。此一问题实在太广大，每以为东西学术之根本异处当于此中注意，大文第二疑点实与此中密切相关。吾三十年来含蓄许多意思，欲俟《量论》畅发。而以神经衰弱，为漏髓病所苦，一旦凝思构文，此病辄发，便不可支，此苦非旁人可喻。又谈理之文字，不可稍涉苟且，宋玉之赋美人，谓"增之一分则太长，减之一分则太短；施朱则太赤，傅粉则太白"，审美如是，论文亦似之。哲学文字，其于义理分际谨严盖亦如此。朱子为《四书集注》，自云"字字皆经秤量"，此非深于理者无从知此意也。佛家以幽赞玄义之文辞归之工巧（工巧二字勿作世俗的意义会去）心，有味哉！世俗可与语此耶？每见相识，怪吾著书之难，曰"何不坐而言，令从游纪述"。吾闻之，俯首而叹："此辈以为天下无不可明白说出的道理，说出即录下，便成著述。如此见解，滔滔者天下皆是也，吾谁与言？"又凡喻之于心者，出诸口便困；口头有时勉强道得者，形之文字又觉无限艰难。逻辑律令，其难犹次，深入其阻而显出之；遍历其广博而如量以达，无有漏义，则难之又难。且文章之事，纯是精神气力之表现，精气亏乏，虽胸罗万理，无可倾囊而出。偶为语录式之笔语，则在

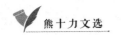

今日似不适应群机，今欲昌明一种学术，总以系统的论著为宜。吾少孤苦，极人生难堪之境，中年困学，加以病患，初犹不敢轻为著作，年邻半百，始有意乎斯文，而精气已不堪用矣。今迫六十，更复何言！《新论》语体本若以文学眼光观之，自是短阙；若仅作谈理文字看去，则每下一义，每置一字，皆经周察审虑，无有丝毫苟且，期于字字见吾之心肝脏腑而已。若夫辞义往复，百变不离其宗，期于达意，孔子曰"书之重，辞之复"，呜呼！不可不察也。"其中必有美者焉"（《春秋繁露》），非精义入神，诚难知制作之不易。《量论》之所以难写出者，自度精气只如此，欲本不苟之心作去，乃大不易耳。然此书不作，则于《新论》之了解要不无阂碍，不卜将有作者起而弥吾缺憾否耶？上来许多枝蔓谈，聊为贤者倾吐，此后将正酬来难。

东方学术，无论此土儒道及印度释宗，要归见体，此无疑义。但其从入之途，则有顿超直悟者，乃上根利器也；亦有婉转迂回、久历艰辛而后忽遇明珠者，根器虽钝，及其成功，一也。（明珠喻性智，前所谓顿超直悟亦即于此超悟而已。至此，则迂回者与顿悟合辙，所谓殊途同归也。）性智是本心之异名，亦即是本体之异名。见体云者，非别以一心来见此本心，乃即本心之自觉自证，说名"见体"，此义确定，不可倾摇，玄学究极在此。如何说不纯恃性智或体认耶？（纯恃二字吃紧。）此处容著得丝毫疑情耶？此非量智安足处所，宁待深言。顿超直悟人，当下亲体承当，不由推求，不循阶级，宗门大德，皆此境界，颜子、蒙庄、僧肇、辅嗣、明道、象山、阳明诸先生，虽所造有浅深，要同一路向也。根器钝者，难免迂回，其触处致力全凭量智作用。探索不厌支离，征测尤期破碎，以此综事办物，功必由斯，以此求道（道，谓本体），岂不远而！但使心诚求之，久而无得，终必悟其所凭之具（具，谓量智）。为不适用。一旦废然，（不信任量智有无限的效能。）反之即是，（反之即得性智。）宋人小词"众里寻他千百度，回头蓦见，那人正在灯火阑珊处"正谓此也。故玄学见体，唯是性智，不兼量智，是义决定，不应狐疑。会六艺（孔门标六艺）之要归，通三玄（魏晋人标三玄）之最旨，约四子（宋明诸师标四子）之精微，极空有之了义，（佛家大小乘不外空有两轮。）以吾说证之，未见其有一焉或偶相戾者也。斯乃千圣同符，百王共轨，非有意为合，乃神悟之玄符耳。

然玄学要不可遮拨量智者，见体以后大有事在。若谓直透本原便已千了百当，以此为学，终是沦空滞寂，隳废大用，毕竟与本体不相应。譬之游断航绝港而蕲至于海，何其谬耶？大人之学，由修养以几于见道（见道，即见体之谓），唯保任固有性智，而无以染习障之，无以私意乱之，使真宰恒时昭然于中，不昏不昧，只此是万化根原，通物我为一，阳明咏良知诗"无声无臭独知时，此是乾坤万有基"，实了义语也。此种境地，岂可由量智入手得来？然到此境地却又不可废量智。须知：量智云者，一切行乎日用，辨物析理，极思察推征之能事，而不容废绝者也。但有万不可忽者，若性智障蔽不显，则所有量智唯是迷妄逐物，纵或偶有一隙之明，要不足恃。人生唯沦溺于现实生活中，丧其神明以成乎顽然之一物，是可哀可惨之极也。若修养不懈，性智显发，（此即见体时。）则日用间一任性智流行于万物交错、万感纷纶之际，而无遗物以耽空、屏事以溺寂。至静之中，神思渊然，于物无遗，而于物无滞。是所谓性智流行者，亦即是量智。但此云量智，乃性智之发用，与前云性智障蔽不显时之量智，绝非同物。从上圣哲为一大事因缘出世，兢兢于明体立极之学，岂无故哉！得此学者，方成乎人，方善其生；否则丧其生而不人矣。然若谓见体便游乎绝待，可以废绝量智；抑或看轻量智，以格物致知之学为俗学，无与于大道，此则前贤所常蹈其弊，而吾侪不可复以之自误而误人也。

抗战前，张东荪先生常欲与吾讨论中西文化，以为二者诚异，而苦于不可得一融通之道。吾时默而不言，因《量论》未作，此话

无从说起。实则，中学以发明心地（借用宗门语，心地谓性智）为一大事，西学唯是量智的发展，如使两方互相了解，而以涵养性智，立天下之大本，则量智皆成性智的妙用。研究科学，经纶事业，岂非本体之流行而不容已者耶？孰谓量智可废耶？

佛经说佛号遍知，其徒或以为成佛则自然无所不知也。不知遍知云者，就真谛言，谓其证见真如（真如即本体之名），已知万物之本、万法之原，故说为遍知耳；若克就俗谛言，一切事物之理，虽成佛见体，果能不待量智推征而自然无所不知耶？

《新论》主于显体，立言自有分际，《量论》意思，此中固多有不便涉及者。

大文第二疑点云：著者一口抹煞，谓西洋哲学无体认，此亦未免武断。实则，吾未尝武断也。若肯承认吾前文所说之不谬，即中学归极见体，易言之，唯任性智，从修养而入；则西学是否同此蹊径，似不待申辩而知其判然矣。夫体认之境，至难言也。由修养深纯，涤除情识而得到之体认，此天人合一之境，（实则，即人即天，合一犹是费词。）中土哲人所为至卓绝也。西学一向尚思维，其所任之量智，非必为性智显发而后起之量智也。何者？反求本心，吾似未闻西哲有以此为学者也。夫思想之用，推至其极，不眩则穷。穷与眩异者，眩则思之多端，杂乱而成惑。穷者，思能循律而极明利，然终止乎其不可思，故穷也。思至于穷，则休乎无思，而若于理道有遇焉。此任量智之学者所自以为体认之候也，西哲所有者当不外此，而格以吾先哲之体认，则似之而非也。非从修养入手，则情识未净，乘思之穷，而瞥尔似有默遇焉，非果与真理为一也。要之，此事难言，必其从事于儒道佛诸氏之学，而非但以见闻知解或考核为务者，有以真知前哲之用心，然后知西哲自有不得同乎此者。昨腊，吾应南庠讲演之请，方东美、何兆清诸先生亦断断致辩，谓吾薄西学不见体为未是。及讲后燕谈，东美先生畅论西哲工夫，不外努力向外追求，吾笑谓之曰："本体是向外追求可得耶？公毋乃为我张目乎？今纵退一步言之，如先生所说'西哲自昔即有言体认者，然此必非西洋哲学界中主要潮流'。犹如晚周名家，似亦偏尚量智，然在中土哲学界终不生影响，可以存而不论。凡辨章同异，只约大端别异处较论而已。人与动物同处岂少也哉！而撮举大端，则二者不止天渊之判矣。"

大文第三点，关于生灭义，前函已具，此不复赘。

昨函写就后，复有余意未尽者。大文有云："著者'体用不二'之说，西洋哲学亦非绝无所见，如柏烈得来《现象与实在》一书，实尝言之。如曰'现象无实在不可能，因如是，则谁为能现？而实在无现象将为空无，因在现象外必无物也'。是柏氏亦非外现象而求实在。即怀黑德教授《历程与实在》一书，亦明此义云云。"吾不能读西籍，向者张东荪尝谓《新论》意思与怀黑德氏有不谋而合处，未知果然否？先生所述柏氏语，似与《新论》有融通之点，然骨子里恐不必相近也。西洋学者所谓本体，毕竟由思维所构画，而视为外在的。《新论》则直指本心，通物我内外，浑然为一，正以孟氏所谓"反身而诚"者得之，非是思维之境。柏氏是否同兹真髓，吾不能无疑也。昨函答先生"西哲自昔亦有体认之说"，吾谓其"似之而非"者，盖东方哲人一向用功于内，涤尽杂染，发挥自性力用。其所谓体认，是真积力久，至脱然离系、本体呈露时，乃自明自见，谓之体认。（庄子云："明者，非谓其明彼也，自明而已；见者，非谓其见彼也，自见而已。"）故此义极严格。西洋学者从来以向外找东西的态度探索不已，如猎者强烈追求，期有所掳获然。故其所见之体，正是思维中所构画的一种境界，非果亲证实在而直与之为一也。西洋诸哲学者，其未能的然了解实在与现象为不二者，固是错误。即如柏氏辈观想入微，似有当于吾所谓体用不二之旨，然彼之入手工夫恐终是西洋路数，唯向外探索为务，则彼所见之体，要非如实证见。若尔，则彼之体用不二观虽与吾有其相近，而骨子里究判若天渊，此不容不辨也。体认之

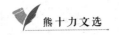

意义，吾已略说如前，不独西洋学者功力不同，未必果有此诣。即在宋明人语录中，其于体认一词亦有宽泛的说法。或以寻思义理，反复含玩，使印解益加深切，谓之体认；或则推寻至竟，瞥然有省，恍悟至理毕竟不可思议，于是旷然若有默喻。以上二种意义，皆与吾前所谓自明自见者，绝不相侔。其后之一种，由推寻至竟而返诸默喻，其所谓默喻，犹是最极微细的观想，非即本体呈露也。本体必离系而始显，以探索为功者，始终有所系也。故彼之体认，非吾所谓体认也。真见体用不二者，说一真湛寂也得，说大用流行也得，说一真湛寂即是大用流行，说大用流行元是一真湛寂，均无不得。此中具无上甚深微妙义，恐柏氏思解所至，未许入实际理地。

又大文云：著者认"心物皆无自体，同为一个整体不同之两方面"，此其说，最近西洋哲学同见及之，如罗素，如杜威，如怀黑德，无不同声否认心物各有自体。心物二元论已成过去。贤者此段话，从大端趋势上说，固无不可；然各家持论的内容与其根本观念，又当莫不互异。《新论》依本体流行假说翕辟，复依翕辟假名心物，随俗谛则不坏世间相；（心物皆许有故。）入真谛，则于世间相而荡然离相，乃见一切皆真。诸家果臻斯诣否？

又大文云：著者自认与西洋哲学不同之点，在于本体之认识，恃性智而不恃量智，此不唯与柏格森之直觉说有相似处，即柏烈得来亦见及之。柏氏谓"思想仅能运行于有对，而不能运行于无对，思想如与实在一致，即为思想之自杀"。是柏氏亦感觉量智不可恃。先生所引柏氏语甚有意思，不悉中文有翻本否？先生当精于柏氏之学，何不移译得来？唯云"与柏格森之直觉说有相似处"，则期期以为不可。忆昔阅张译《创化论》，柏格森之直觉似与本能并为一谈，本能相当《新论》所谓习气。（其发现也，则名习心。）习心趣境，固不待推想，然正是妄相，不得真实。此与吾所谓本体之认识及性智云者，截然不可相蒙。此间黄艮庸等皆于此与吾同其所见。

病痫初痊，辞不达意，义理不厌求详，非必欲争一己之是也。

有难：《新论》谓佛家真如只是无为，不许说为无为无不为，即谓真如是无有生化之体，此恐误会。如《金刚仙论》卷三云："言一切法空者，有为之法，无体相故空。然真如佛性法，万德圆满，体是妙有，湛然常住，非是空法。"据此真如既是妙有，如何说无生化？答曰："瑜伽家言真如非有非无，以无情计所执相（所执相三字宜深玩，哲学家谈宇宙本体者，种种构画只是其所执之相而已，非可与本体相应）故，说为非有；以本非空无故，复说非无。"然此与老氏有无之旨实不相近，须各通其全整的意思，而后可辨。吾国唐以前之佛家，多以妙有妙无之旨谈涅槃佛性，（"妙有妙无"亦《金刚仙论》语。涅槃佛性乃真如之异名。）皆援老以入佛。老氏之学本于《易》，其言无，确非不生化之无，故至无而妙有。佛氏之空，虽本非空无之空，然其所证会特在寂静之方面，故虽言非无，究与老氏所云有者不似。《金刚仙论》，六代时盛行北土，张生德钧考定为流支后学所作，近是。盖曾闻流支之说，而附以老子义，遂成斯论。德钧谓其有符瑜伽正说，殊嫌朋比。窥基法师谓此论为南地吴人浪造，非真圣教，不可依据。其斥绝之严如此，盖确守印度佛家本义故耳。基师以"凡情浪作图度"讥《金刚仙论》，则《仙论》妙有之旨违佛经甚明，亦足证余之所说无误会也。

原载1942年11月《思想与时代》第十六期

论性修不二

综前所说，心者即性，是本来故。心所即习，是后起故。净习虽依本心之发用故有，然发现以后，成为余势，等流不绝，方名净习，则净习亦是后起。本来任运（任自然而行），后起有为。本来纯净无染，后起便通善染。本来是主（只此本来的性，是人底生命。故对于后起的习，而说为主），后起染法障之，则主反为客。（无据曰客：本心障而不显，虽存若亡。故说为客。）后起是客，染胜而障其本来，则客反为主。（吾人生命，只此本来者是。然吾人不见自性故，常以染习为生命。一切所思所学所为所作，莫非滋长染习，而恃之以为其生命，而真生命乃曰戕贼于无形。此亦愚之至也。）如斯义趣，上来略明，今更申言欲了本心，当重修学。盖人生本来之性，必资后起净法，始得显现。虽处染中，以此自性力故，常起净法不断。（起者创义，依据自性力故，而得创起净习不断。即自性常显现而不至物化故。）依此净法，说名为学。（创起净习，即是认识了自家底生命，而创新不已。这个自识自创的功用，总说名觉。只此觉才是真学问。）若向外驰求，取著于物，只成染法，不了自性，非此所谓学。（此语料简世间一切俗学。）故学之为言觉也。学以穷理为本，尽性为归。彻法源底之谓穷，无欠无余之谓尽。性即本来清净之心，理即自心具足之理，不由外铄，不假他求。此在学者深体明辨。今略举二义，以明修学之要。一者，从微至显。形不碍性故，性之所以全也。本心唯微，必藉引发而后显。（微有二义，一者微隐义，以不可睹闻言之。二者微少义，以所存者几希言之，此兼具二义。）原夫性之行也，不得不自成乎形，以为具。既凝成形气，则化于物者多。而其守自性而不物化者，遂为至少。如《易》消息，从姤至剥，仅存在上之一阳。此段道理极难说，（参看《转变章》《成物章》《明心上章》首段）须深心体究翕辟之故才得。上云心是本来。本来者，性之代语。性者，言其为吾人所以生之理也。若赅万有而言之，则亦假名恒转。形气者，谓身躯，此即恒转之动而翕所凝成者。易言之，即此形气亦是本来的性底发现。但形气既起，则幻成顽钝的物事，忽与本来的性不相似。所以，性至此几乎完全物质化了。然尚能守其自性而不至全化为物者，此即所谓辟或心。但就其存乎吾身者言之，此辟或心，实可谓至少的一点。如《易》剥卦中所剩下底一阳而已。这点真阳，是生命底本身。宗门所谓本来面目，他确是形气底主宰。王弼《易略例》所谓"寡能制众"者此也。然此只就原理上说，未可执一曲以衡之。盖此点真阳若不得显发，即未能主宰形气而为物役者，又随在可征。故不可持一曲之见，以疑此原理为妄立也。此仅存之真阳（即性），虽遍运乎形气之内，而隐为主宰，然其运而不息者，固法尔自然，未有为作。（法尔犹言自然。不直言自然者，以法尔义深故。下言自然者，显无作意。与常途言自然者，义亦稍别。）而形气既生，即自有权能。（形气底权能，本是随顺乎性的。而亦可以不顺乎性。）则性之运于形气中者，既因任（因任者，因而任之故）无为，形乃可役性以从己，而宛尔成乎形气之动。（形气简言形，乃可者未尽之词。形之役性，非其固然也，故云乃可。己者，设为形气之自谓。）故性若失其主宰力矣，所谓本心唯微者此也。然则形为性之害乎？曰："否，否。若无形气，则性亦不可见。且形者性之凝，即形莫非性也。"故孟子曰："形色，天性也。"形何碍于性乎？形之役夫性者，本非其固然，特变态耳。如水不就下，而使之过颡或在山者，此岂水之固然哉。染习与形俱始，随逐增长，以与形相守，而益障其本来。（染习与形相守，故学者难于变化气质也。）遂使固有之性，无所引发，而不得

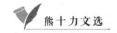

显。如金在矿，不见光采。反之，性之主乎形者，则以善习力用增长，与性相应，引发不穷，故全体顿现。如《易》消息，从复之一阳，渐而至于纯乾。如炼矿成金，不重为矿。然性之为主，亦行乎形气之中。故先儒有"践行尽性"之说，使视极其明，听极其聪，斯无往则非全体之昭著矣。二者，天人合德。性修不二故，学之所以成也。《易》曰："继之者善，成之者性。"全性起修名继，（性是全体流行不息的，是万善具足的，故依之起修，而万善无不成办。是谓全性起修，即继义。）全修在性名成。（修之全功，依性而起，只以扩充其性故，非是增益本性所无。故云全修在性，即成义。）本来性净为天，后起净习为人。故曰人不天不因，（性者天也，人若不有其天然具足之性，则将何所因而为善乎？）天不人不成。（后起净习，则人力也。虽有天性，而不尽人力，则天性不得显发，而何以成其为天耶？此上二语，本扬子云《法言》。）故吾人必以精进力创起净习，以随顺乎固有之性，而引令显发。在《易》乾为天道，坤为人道。坤以顺承天故，为善继乾健之德。（坤卦表示后起底物事，吾人自创净习，以引发天性，即坤法天之象。）是故学者继善之事，及其成也性焉。《论语》曰："人能弘道，非道弘人。"《论语》言道，当此所谓性。人能自创净习，以显发天性，是人能弘大其道也。人不知尽性，即化于物，而性有不存者矣。故云非道弘人。弘道之目，约言之，在儒家为率循五德，在佛氏为勤行六度。五德本性具之德，其用必待充而始完。六度乃顺性而修，其事亦遇缘而方显。佛氏言六度，多明事相，不及儒家言五德，克指本体，于义为精。故曰无不从此法界流，无不还归此法界（法界即性之异名耳）。此谓天人合德，性修不二。学者于此知所持循，则精义之神以致用，利用安身以崇德，皆在其中矣。或曰："染缚重者，恶乎学。"曰：染净相资，变染成净，只在一念转移间耳，何谓不能学耶？夫染虽障本（本者，具云本来。染法障蔽本来），而亦是引发本来之因。由有染故，觉不自在。不自在故，希欲改造（自己改造自己），遂有净习创生。由净力故，得以引发本来而克成性。性虽固有，若障蔽不显即不成乎性矣。故人能自创净力以复性者，即此固有之性无异自人新成之也。古德云："一念回机，便同本得。"明夫自心净用，未尝有间。诸惑元妄，照之即空。苟不安于昏愚，夫何忧乎弱丧。故学者首贵立志，终于成能。（《易》曰："圣人成能。"人能自创净习，以显发其性，即是成能也。）皆此智用为主。智体本净，不受诸惑。辨惑断惑，皆是此智。净习之生，即此本体之明流行不息者是。引而不竭，用而弥出，自是明强之力，绝彼柔道之牵。（《中庸》云："虽愚必明，虽柔必强。"此言其力用也。《易》曰"系于金柅"，柔道牵也。柔道即指惑染。以诸染法，皆以柔暗为相。阳德刚明，自不入于柔暗，故智者不惑。）如杲日当空，全消阴翳，乃知惑染毕竟可断，自性毕竟能成。斯称性之诚言，学术之宗极也。故曰："欲了本心，当重修学。"

摘自《新唯识论》语体文本"明心"下章

略说中西文化

　　文化的根柢在思想。思想原本性情。性情之熏陶，不能不受影响于环境。中西学术思想之异，如宗教思想发达与否、哲学路向同否、科学思想发达与否，即此三大端，中西显然不同。此其不同之点，吾以为，就知的方面说，西人勇于向外追求，而中人特重反求自得。就情言，西人大概富于高度的坚执之情，而中人则务调节情感，以归于中和。（不独儒者如此，道家更务克治其情，以归恬淡。）西人由知的勇追与情的坚执，其在宗教上追求全知全能的大神之超越感特别强盛。稍易其向，便由自我之发现而放弃神的观念，即可以坚持自己知识即权力而有征服自然、建立天国于人间之企图。西人宗教与科学，形式虽异，而其根本精神未尝不一也。中国人非无宗教思想。庶民有五祀与祖先，即多神教。上层人物亦有天帝之观念，即一神教。但因其智力不甚喜向外追逐，而情感又戒其坚执，故天帝之观念，渐以无形转化而成为内在的自本自根之本体或主宰，无复有客观的大神。即在下层社会，祭五祀与祖先，亦渐变为行其心之所安的报恩主义，而不必真有多神存在。故"祭如在"之说，实中国上下一致之心理也。中国人唯反求诸己而透悟自家生命与宇宙元来不二。孔子赞《易》，明乾元统天。（乾元，仁也。仁者，本心也，即吾人与万物同具之生生不息的本体。无量诸天，皆此仁体之显现，故曰统天。夫天且为其所统，而况物之细者乎？是乃体物而不遗也。）孟子言"万物皆备于我"（参考《新唯识论》语体本《明心章》），庄生本之以言"独与天地精神往来"，灼然物我同体之实。此所以不成宗教，而哲学上"会物归己"。（用僧肇语。陆子静言宇宙不外吾心，亦深透。）于己自识，即大本立。（此中己字，非小己之谓。识得真己即是大本，岂待外求宇宙之原哉？）此已超越知识境界而臻实证，远离一切戏论，是梵方与远西言宗教及哲学者所不容忽视也。（《新唯识论》须参考。）中国哲学，归极证会。证会则知不外驰（外驰，即妄计有客观独存的物事，何能自证），情无僻执（僻执，即起倒见，支离滋甚，无由反己），要须涵养积渐而至。此与西人用力不必同，而所成就亦各异。

科学思想，中国人非贫乏也。天算、音律与药物诸学，皆远在五帝之世；指南针自周公；必科学知识已有相当基础而后有此重大发明，未可视为偶然也。工程学在六国时已有秦之李冰，其神巧所臻，今人犹莫能阶也。非斯学讲之有素，岂可一蹴而就乎？张衡侯地震仪在东汉初。可知古代算学已精，汉人犹未失坠。余以为周世诸子百家之书，必多富于科学思想，秦以后渐失其传。即以儒家六籍论，所存几何？孔门三千七十，《论语》所记，亦无多语。况百家之言，经秦人摧毁与六国衰亡之散佚，又秦以后大一统之局，人民习守固陋，其亡失殆尽，无足怪者。余不承认中国古代无科学思想，但以之与希腊比较，则中国古代科学知识，或仅为少数天才之事，而非一般人所共尚。此虽出于臆测，而由儒道诸籍尚有仅存，百家之言绝无授受，两相对照，则知古代科学知识非普遍流行。故其亡绝，《易》于儒道诸子。此可谓近乎事实之猜度，不必果为无稽之谈也。中国古代，一般人嗜好科学知识，不必如希腊人之烈。古代儒家反己之学，自孔子集二帝三王之大成以来，素为中国学术思想界之正统派，道家思想复与儒术并行。由此以观，正可见中国人知不外驰，情无僻执，乃是中国文化从晚周发原便与希腊异趣之故。希腊人爱好知识，向外追求，其勇往直前的气概与活泼泼的生趣，固为科学思想所由发展之根本条件，而其情感上之坚执不舍，复是其用力追求之所以欲罢不能者。此知与情之两种特点

如何养成？吾以为环境之关系最大。希腊人海洋生活，其智力以习于活动而自易活跃，其情感则饱历波涛汹涌而无所震慑，故养成坚执不移之操。中国乃大陆之国。神州浩博，绿野青天，浑沦无间。生息其间者，上下与天地同流，神妙万物，无知而无不知。（妙万物者，谓其智周万物而实不滞于物也。不琐碎以逐物求知，故曰无知。洞彻万物之原，故曰无不知。）彼且超越知识境界，而何事匆遽外求、侈小知以自丧其浑全哉？儒者不反知而毕竟超知。道家直反知，亦有以也。夫与天地同流者，情冥至真而无情，即荡然亡执矣。执者，情存乎封畛也。会真则知亡，（有知，则知与真为二，非会真也。）而情亦丧（妄情不起曰丧），故无执也。知亡情丧，超知之境，至人之诣也。儒道上哲，均极乎此。其次，虽未能至，而向往在是也。

就文学言，希腊人多悲剧。悲剧者，出于情之坚执。坚执则不能已于悲也。中国文学以三百篇与《骚》经为宗。三百篇首二《南》。二《南》皆于人生日用中见和乐之趣。无所执，无所悲也。《骚》经怀亡国昏主，托于美人芳草，是已移其哀愤之情，聊作消遣。昔人美《离骚》不怨君。其实亡国之怨，如执而不舍，乃人间之悲剧，即天地之劲气也。后世小说写悲境，必以喜剧结，亦由情无所执耳。使其有坚执之情，则于缺憾处，必永为不可弥缝之长恨，将引起人对于命运或神道与自然及社会各方面提出问题，而有奋斗与改造之愿望。若于缺憾而虚构团圆，正见其情感易消逝而无所固执，在己无力量，于人无感发。后之小说家承屈子之流而益下，未足尚也。要之中国人鲜坚执之情，此可于多方面征述，兹不暇详。

就哲学上超知之诣言，非知不外驰，情无僻执，无由臻此甚深微妙境界。然在一般人，并不能达哲学上最高之境，而不肯努力向外追求，以扩其知。又无坚执之情，则其社会未有不趋于萎靡，而其文化终不无病菌之存在。中国人诚宜融摄西洋以自广，但吾先哲长处，毕竟不可舍失。

　　或问曰："西方文化无病菌乎？"答曰："西洋人如终不由中哲反己一路，即终不得实证天地万物一体之真，终不识自性，外驰而不反，（只向外求知，而不务反求诸己，知识愈多，而于人生本性日益茫然。）长沦于有取，以丧其真。（有取一词，借用佛典。取者，追求义。）如知识方面之追求，则以理为外在，而努力向外穷索，如猎者之疲于奔逐。而其神明恒无超脱之一境，卒不得默识本原，是有取之害也。欲望方面之追求，则凡名利、权力种种，皆其所贪得无厌，而盲目以追逐之者，甚至为一己之野心与偏见，及为一国家一民族之私利而追求不已，构成滔天大祸，卒以毁人者自毁。此又有取之巨害也。是焉得无病菌乎？中西文化宜互相融和。以反己之学立本，则努力求知，乃依自性而起大用，无逐末之患也。并心外驰，知见纷杂而不见本原，无有归宿，则其害有不可胜言者矣。中西学术，合之两美，离则两伤。"

原载1947年《学原》第1卷第 4 期

答马格里尼（节选）

惠书至，适有兵事，又冬来贱体极不适，勉强作答，既有意思郁塞之困，兼有言不尽意之患。自惭无以酬明问，惟希谅之而已。按来问，略有四事：一、问吾对于老子哲学之解释。二、问道教在中国所影响于各方面者如何。三、问中国现代道教之教义、信条等等。四、问现代道教之信徒多寡与寺宇多寡。综观四问，其第一问，力当略答。第二问以下，则治民俗学者所专研，力不能详也。唯在答第一问之前，有须略言者如次。

吾闻欧人言及中国哲学，辄与宗教并为一谈。各国大学于哲学科目中并不列入中国哲学，或则于神学中附及之。此则于中国学问，隔阂太甚，而为中西文化融通之一大障碍。私怀所常引为遗憾者也。中国民族之特性即为无宗教思想，此可于中国远古之《诗经》而征之。《诗经》以二南冠首。（首篇曰《周南》，次篇曰《召南》，名为二南。）其所咏歌，皆人生日用之常与男女室家农桑劳作之事，处处表现其高尚、和乐、恬淡、闲适、肃穆、勤勉、宽大、坦荡之情怀。不绝物以专求之内心，故无枯槁之患；亦不逐物以溺其心，故无追求无餍之累。日常生活皆顺其天则，畅其至性，则自一饮一食，以及所接之一花一木，乃至日星大地，无在非真理之显现。故不必呵斥人间世而别求天国。难言哉！《诗经》之者也。孔子《论语》中，谈诗者最多。其语伯鱼曰："汝为《周南》《召南》矣乎。人而不为《周南》《召南》，其犹正墙面而立也欤？"朱子《集注》："正墙面而立者，谓一物无所见，一步不能行。人而不治二南之诗，便不能生活。犹如面墙。孔子之尊二南如此，非以其表现人生最极合理之生活而不迩于神道故耶？"（孔子之哲学思想实本于诗。故儒家学说，在中国常为中心思想而莫有能摇夺者，以其根据于中华民族性，有至大至深至远之基础，而于吾人真理之要求，确能使自得之而无所诞妄。此孔子所以为大也。）《诗经》所载多属古代民间之作品。古者太史陈诗以观民风，是其征也。《诗经》中绝无神道思想。（虽二南以外，亦间有天帝等名词，然所云天者，即谓自然之理；所云帝者，谓大化流行、若有主宰而已。非谓其超越万有之外，而为有意志有人格之神也。故《诗经》中之天与帝，不能与景教经典中之天帝等词同一解释。）即此可见中华民族之特性。至其无宗教思想之为长为短，自是别一问题。此不欲论。唯中国人一向无宗教思想，纵云下等社会不能说为绝无，要可谓其宗教观念极薄弱。此为显著之事实。欧美人士传教中土者，凡所交接，多无知之官僚绅士与入教之徒来自下等社会者。（中国人入教者，多来自下等社会。）故罕能了解中国文化之内蕴，而或以宗教观念解释吾国哲学思想之书，此其附会乱真，至为可惧。力愿欧人留心中国哲学者，当于此注意。

中国哲学有一特别精神，即其为学也，根本注重体认的方法。体认者，能觉人所觉，浑然一体而不可分，所谓内外、物我、一异，种种差别相都不可得。唯其如此，故在中国哲学中无有像西洋形而上学，以宇宙实体当做外界存在的物事而推穷之者。（"无有像"三字，一气贯下读。）西洋哲学之方法，犹是析物的方法。如所谓一元、二元、多元等论，则是数量的分析。唯心唯物与非心非物等论，则是性质的分析。此外析求其关系则有若机械论等等。要之，都把真理（此中真理，即谓宇宙实体，后皆同此）当做外界存在的物事，凭着自己的知识去推穷他。所以把真理看做有数量、性质、关系等等可析。实则，真理本不是有方所有形体的物事，如何可以数量等等去猜度？须知真理非他，即吾人所以生之理，亦即宇宙所以形成之理。故就真理言，吾人生命与大自然即宇宙是互相融

入而不能分开，同为此真理之显现故。但真理虽显现为万象，而不可执定万象，以为真理即如其所显现之物事。（此中意义难言。）真理虽非超越万象之外而别有物，但真理自身并不即是万象。真理毕竟无方所、无形体，所以不能用知识去推度，不能将真理当做外在的物事看待。哲学家如欲实证真理，只有返诸自家固有的明觉（亦名为智）。即此明觉之自明自了，浑然内外一如而无能所可分时，方是真理实现在前，方名实证。前所谓体认者即是此意。

由体认而得到真理，所以没有析别数量性质等等戏论。由此，而中国哲人即于万象而一一皆见为真理显现。易言之，即于万象而见为浑全。所以有天地万物一体的境界，而无以物累心之患，无向外追求之苦。但亦有所短者，即此等哲学，其理境极广远幽深，而以不重析物的方法故，即不易发展科学。若老庄派之哲学，即有反科学之倾向。唯儒家哲学，则自孔子以六艺教学者，皆有关实用的知识。六艺者：一曰礼，凡修己治国与纲维社会之大经大法皆具焉。二曰乐，制乐器、正音律、谱诗歌，于是而乐备。人心得其和乐，礼乐相辅而行。推礼乐之意，则通乎造化之奥妙，究乎万有之本原，而使人畅其天性。其绪论犹略可考于《礼记》之书。三曰射，修弓矢而教人习射，所以讲武事而御外争也。四曰御，车乘之用，平时则利交通，战时则为军备。五曰书，即语言文字之学。六曰数，即算学。孔门七十子后学于社会政治的理想尤多创发。下逮宋明儒，注重格物穷理与实用及实测之学者，若程、朱诸子迄船山、习斋、亭林诸儒，代有其人。设令即无欧化东来，即科学萌芽或将发于中土儒家之徒，亦未可知也。然儒者在其形而上学方面，仍是用体认工夫。孔子所谓默识，即体认之谓。（默者，冥然不起析别，不作推想也。识者，灼然自明自了之谓。此言真理唯是自明的，不待析别与推求，而反之本心，恒自明自了。）孟子所谓思诚，所谓反身而诚，所谓深造自得，亦皆体认也。（思诚者，诚谓绝对的真理，思者体认之谓，非通途所云思想之思。思诚，谓真理唯可体认而得也。反身而诚者，谓真理不远于人，若以知解推求，必不能实现真理。唯反躬体认，即灼然自识。深造自得者，所谓真理必由实践之功，而后实有诸己。）由儒家之见地，则真理唯可以由体认而实证，非可用知识推求。但吾人在日常生活的宇宙中，不能不假定一切事物为实有，从而加以析别，故又不可排斥知识。宇宙间的道理，本是多方面的，本是无穷无尽的。若执一端之见、一偏之论，必贼道而违理。儒家于形而上学主体认，于经验界仍注重知识。有体认之功，以主乎知识，则知识不限于琐碎，而有以洞彻事物之本真。有知识以辅体认之功，则体认不蹈于空虚，而有以遍观真理之散著。（万事万物，皆真理之所显。故真理者，从其为事物之本真而言，即说为绝对。从其显现为万事万物而言，即绝对便涵相对。由此而说事物之理即真理之散著。故知识不可排斥，为其遍观事物，而真理之散著可征也。）然则儒家其至矣乎。

中国哲学以重体认之故，不事逻辑。其见之著述者亦无系统。虽各哲学家之思想莫不博大精深、自成体系，然不肯以其胸中之所蕴，发而为文字。即偶有笔札流传，亦皆不务组织。但随机应物，而托之文言，绝非有意为著述事也。《论语》书中记孔之词曰："天何言哉？四时行焉，百物生焉。天何言哉？"于此可窥孔子之胸抱。老子亦曰："道可道，非常道。"又曰："俗人昭昭，（昭昭驰辩智也。）我独昏昏。（自得于冥默也。）俗人察察，（察察，务别析也。）我独闷闷。（欲无言也。）"庄子曰："大辩不言。"自来中国哲人，皆务心得而轻著述。盖以为哲学者，所以穷万化而究其原，通众理而会其极，然必实体之身心践履之间，密验之幽独隐微之地。此理昭著，近则炯然一念，远则弥纶六合。唯在己有收摄保聚之功故也。（不使心力驰散而下坠，名收摄保聚。）如其役心于述作之事，则恐辩说腾而大道丧，文采多而实德寡。须知哲学所究者为真理，而真理必须躬行实践而始显。非可以真理为心外之物，而恃吾人之知解以知之也。质言之，吾人必须有内心

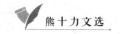

的修养，直至明觉澄然，即是真理呈显。如此，方见得明觉与真理非二。中国哲学之所昭示者唯此。然此等学术之传授，恒在精神观感之际，而文字记述盖其末也。夫科学所研究者，为客观的事理。易言之，即为事物互相关系间之法则。故科学是知识的学问。此意容当别论。而哲学所穷究者，则为一切事物之根本原理。易言之，即吾人所以生之理与宇宙所以形成之理。夫吾人所以生之理与宇宙所以形成之理，本非有二。故此理非客观的，非外在的。如欲穷究此理之实际，自非有内心的涵养工夫不可。唯内心的涵养工夫深纯之候，方得此理透露而达于自明自了自证之境地。前所谓体认者即此。故哲学不是知识的学问，而是自明自觉的一种学问。但此种意义极深广微奥，而难为不知者言。须知，哲学与科学，其所穷究之对象不同、领域不同，即其为学之精神与方法等等亦不能不异。但自西洋科学思想输入中国以后，中国人皆倾向科学，一切信赖客观的方法，只知向外求理而不知吾生与天地万物所本具之理，元来无外。中国哲学究极的意思，今日之中国人已完全忽视而不求了解。如前所说，在吾国今日欧化之学者闻之，殆无不诮为虚玄与糊涂。想先生与欧洲之学者得吾此信，亦将视为糊涂之说也。然真理所在，吾宁受诮责而终不能不一言，是在先生谅之而已。

原载《十力语要》卷二

答林同济

中国哲学思想，归于《易》所云穷理尽性至命。理者，至极本原之理。即此理之在人而言，则曰性。即此理之为万化之大原，是为流行不息，则曰命。穷者，反躬而自识之谓；尽者，实现之而无所亏欠之谓。至者，与之为一之谓。《新论》所谈本体，即此理也、性也、命也，名三而实一也。穷也、尽也、至也，则《新论》所云见体，或证体之谓也。《新论》确是儒家骨髓。孔孟所言天，既不是宗教家之天，更不是理想中构画一崇高无上之一种理念，或一种超越感。彼乃反诸自身，识得有个与天地万物同体的真宰，炯然在中。《新论》所云性智是也。吾人实证到此，便无物我、内外可分。此乃即物而超物，即人而天。孟子所云尽心则知性知天者，此之谓也。中国哲学亦可以《庄子》书中"自本自根"四字概括。因此，中国人用不着宗教。宗教是依他，是向外追求。哲学家虽不建立大神，而往往趣向有最上的无穷无限的终极理境。（或亦云理念。）此固有好处，但亦是向外，亦是虚构。正堕佛家所云法执，而绝不了自本自根。人生毕竟在迷妄中过活，始终不见自性，始终向外狂驰。由此等人生态度而发展其知识技能，外驰不反，欲人类毋自相残杀，而何可得耶？自吾有知，恒念及此，而不容已于悲也。《新论》之作，为此也。贤者主张祀天，吾亦赞同。祀天者，祀其在己之天也。诗曰："小心翼翼，昭事上帝。"吾人祀天之礼，可一念一息而忽哉？

原载《十力语要》卷三

论中国文化书简

一

理气问题，《新论》中卷有一段说得明明白白，先生或于体用，犹在若明若昧之境，故于此犹有猜疑耳。此义也，中西古今哲人解者无几。哲学上纷纷之论，由根本义不透故也。而况吾子非专事于斯者乎！望将全书字字句句反复多玩，虚怀而后有悟。

辟可以言体，是就体之显为用而权言之也。辟固是理，翕可曰非理耶？体者，举翕辟之浑全而言也；用者，即本体之显为一翕一辟者而言也。《新论》每云体显为用，或云体成为用。显为二字，最吃紧，细玩之。即用不在体外，譬如水显为冰，则冰不在水外，可知。则冰无自体，其体即水，可知。所以救本体现象折成二界之弊也。体是无形的，而显为用，则名一翕一辟。翕即幻似有形，假名为物。辟则是体之不舍其自性而显现者，故于辟可以言体也。然一名为辟，便对翕言，便是就体之显为用而言，已不是克就浑论的本体而言，故其名以为体者，权词也。明乎上说，体不是呆板的死体，是要显为翕辟。兹以理言，若克就体上说，便名此体曰实理，亦云真理。若通用上言之，辟者，万变不穷也。你玩万变不穷四字，则知辟即是理也（理字，即条理之谓。系理万端，故名理）。翕则成物，有物有则（则即理也），翕得曰非理乎？从其幻似有象言之（注意幻似二字，无实物象故），谓之物。从其有则言之，谓之理。（譬如人，一方面叫做人，他方面可叫做动物，或男女、老少及父子等等。）眼前都是物事，即眼前都是理也。吾人之心，对境有知，此时就心言之，可说心即理（阳明言之天），就物言之，可说物即理。世俗不知心即理，似以心为一东西，能向事物去找理，此固误。但如以物为实在的东西，以为物上有许多理，此又大谬。须知，物也即是理，不可曰物之上有理。

今又有一种谬说。因为西洋人谈共相者，如方圆等等是共相，种种方的物，或种种圆的物，便是自相，共相是一件一件的物上的形式，譬如许多大大小小或漆的油的、种种方的桌子，各个体（即自相）是实有的，而共相则是这些个体的物上所共有的相。此本是假的，西洋人谈逻辑者却有把共相看做是一种法则。如方（共相也）是一种法则，各个方的物都是依此方的法则而成，有派颇有这种意见。而冯君把逻辑上的概念应用到玄学上来，于是分"真际""实际"两界，把理说成离开实际事物而独存的一种空洞的空架子的世界，此真是莫名其妙，理又难言了。

《答徐复观》，1944年

二

关于数理派事素说之驳正，宗三所说，似不必谛。古今哲学家破人处，往往不能严切。如佛家用三段论式破外道，几无一语对题。尤怪者，他每遇一外道，必对破一阵，既不核定人之义，自不必针锋相对而破，然则乱矣乎？识者从根本处看，并不乱也。吾晚周诸子之相攻亦然。荀卿非十二子，只评庄子最好，其他均渺不相干，然则乱欤？若了荀子整个意思，其非十二子，确有以也，岂唯中印！以我所闻，罗素诋柏格森反理智，以之与黑格尔例比，而谓法西斯之导源。其实，柏氏确未反理智，只云其效能有限，不能得本体耳。此类冤事，何可胜数。谈事素者，罗素、怀特海皆数理派，人皆知之。张东荪译柏氏《创化论》中有一语，谓数理哲学之宇宙论（宇宙论之字，忆不清，而意确如此）是空洞的（此未忆错）。只此一语，想不必止此，当是东荪有未翻也。

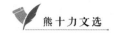

吾以翕势顿现不必有实物，如此言，有可融摄处，此中用心已细。并注云："即在其无实物之意义上稍似。此何尝胡扯耶？吾子于此，全不着眼何欤？"他的宇宙，自指自然界，即相当于吾云翕之方面者。翕势顿现，何尝不可说为一种事素？唯他不了辟，不了翕辟是本体流行，所以是空肤的，所以不了生命。若不见真理，哲学家各组的一套宇宙观都是空肤的，此非作过深切体认工夫者，必不承认吾言。学问那得求一般人之能信，殊求真理而已。此文，张申府原未见，他今天来，吾以意告之，他颇赞同吾意。罗素昔在华讲演，自谓是中立的多元论（似未忆错），见译本之数理哲学大纲。其解析关系，繁过牛毛。他本是关系论者，未尝非一种数学系统。不知吾子谓然否？至于近代物理学，实则即是数学。近世数学之异于古代数学者（古代数学，实只当云算学），亦即近代物理学之异于古代物理学者。数理哲学，总不外秩序和关系等观念，谓其以数学思想说宇宙，似无不妥。虽古今数学之深浅与变迁有异，然大致不无相通之点。譬如今之言唯物者，标异古代唯物论，然毕竟是唯物而不唯心，则有其大同也。无论何派哲学，从系统看，各是一套，吾岂不知！从部分讲，同点必有可通者。如张人李人不同也，而皆有五官、百体，则莫有异也。吾于数理派言同，亦就事素说言之，非一切比同也。吾意如是，宗三如不谓然，不妨函来，义理以细究而明。

《答徐复观、牟宗三》，1947 年 8 月 19 日

三

关于大著文化书，弟前已屡函，兹不赘。大者且勿论，如必以西洋人著书成一套理论，而遂谓中国无哲学，此乃吾绝不忍苟同。时俗说先圣之学皆用艺术眼光看去，吾尤痛心。艺术是情味的，野蛮人皆有之。曾谓先圣穷神知化与穷理尽性至命之学，只是艺术之

谓耶？世人方无知自毁，吾侪何忍同俗调乎？

如只有宗教与艺术而绝不足言学术，文化足言乎？兄既否认古代科学（其实古代只可说为初步的科学，而不可谓其非科学。古代药物、医术、机械、地理、工程、物理、博物等等知识，亦不可谓其非科学的），必以现代科学之进步而否认古代科学，是如见成人而谓小孩非人类也，可乎？

科学且置，必谓中国不足言哲学，何必如此乎？主义与思想诸此，吾前信已说过，不有学术而言主义，可乎？真足为一派思想而谓其非学术，可乎？吾前信可复看。胡适之云我们的老祖宗只有杂七乱八的一些零碎思想，而不足言哲学，此等胡说，兄可适与之合乎？

哲学定义非是爱智，后来还有许多家。而且任何学术的定义都是你所非衷愿。哲学固不遗理智思辨，要不当限于理智思辨之域，此如要讨论，殊麻烦。中国的学问思想虽久绝，而儒道诸家侥存者，不可谓其非哲学，以其非宗教、非艺术故，以其不遗理智思辨故，但其造诣却不限于理智思辨，此当为哲学正宗，兄如将中国哲学也勾销，中国当有何物事？无乃自毁太甚乎！自弃太甚乎！

《与梁漱溟》，1950年

四

尊书谈中国方面，吾多不赞同者：一、中国确是退化，唯太古代至战国时期光彩万丈。兄古代太忽略，直等于置之不论，此吾不赞同者一。二、中国文化虽开得太早而确未成熟，尤不当谓秦以后三千年为成熟期。秦后二三千年，只有夷化、盗化、奴化三化，何足言文化，此宜替历史揭发，永为来者之戒。三、尊书谈到根源处，只揭周孔礼教一语。孟子在战国叙学统道统，从尧舜三王直到

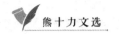

孔子，吾以此为定论。唐人始尊周公，原是莫名其妙，并未明其所以然。尊意即提出周孔礼教，便当分别说明周公之思想与主张，及孔子之思想与主张，然后略明孔子之承于周公者何在。孔子本人之思想、其体系如何？其宗主为何？秦以后衰微之运是否尚存孔子精神，今后发挥孔子精神，宜如何舍短取长？孔子思想自当求之六经，六经以《易》《春秋》为主，《周官》次之，三经纲要提得起，余经皆易讲。周公之思想难推考，吾意三礼中唯《仪礼》是周代典制之遗，非孔子所修。此书虽非周公本人之作，而周代典制必承周公开国之精神与规模，殆无疑义。今欲究周公之礼教，似当由《仪礼》之章条而推出其理论或义蕴。二三千年来，治《仪礼》者只是训诂名物，不知其义。周公之影响于两周之世运者为何？如其影响于孔子集大成之儒学者又如何？此皆谈文化者所不宜略。

尊书谈义务权利诸处甚善，然须于本原处有发挥而后言及此等处，自更好。本原处，尊书固曾及之，即所谓礼是，然吾犹嫌于礼之义犹欠发挥。

六经之道，含宏万有，提其宗要，则仁与礼而已。仁者礼之本，礼者仁之用，徒言礼教而不谈仁，则无本，是亦尊书遗漏处。虽云谈文化与专讲哲学者不同，然文化根源处总须提及才好。

伦理在古圣倡说，只是教条，亦可云德目。垂此教条，使人率由之，久之多数人习而成化，固有可能，然不必人人能如是也。若云社会制度或结构，中国人之家庭组织却是属于制度或结构者，尊书似欲讳此弊，而必以伦理本位为言。其实，家庭为万恶之源，衰微之本，此事稍有头脑者皆能知之，能言之，而且无量言说也说不尽。无国家观念，无民族观念，无公共观念，皆由此。甚至无一切学术思想亦由此。一个人生下来，父母兄弟姊妹族戚，大家紧相缠缚。能力弱者，悉责望其中之稍有能力者；或能力较大者，必以众口累之，其人遂以身殉家庭，而无可解脱。说甚思想，说甚学问。

有私而无公，见近而不知远，一切恶德说不尽。百忍以为家，养成大家麻木，养成掩饰，无量罪恶由此起。有家庭则偏私儿女，为儿女积财富，以优养娇贵。儿大则爱妻子而弃父母，女大则爱丈夫与其所生子女。人类之卑贱与残忍以至于此。余痛此习不革，中国无可自强。吃苦、自立、不图安逸、不存私心，如此，则剥削之邪心消灭，达于德与廉耻矣。尊书巧避家庭本位之丑，而曰伦理本位，做好文章果何为者，此好文章足是你个人的德性表现与人格表现，而何预于中国社会？

我说中国文化开得早而未成熟者：一、《大易》明明言"裁成天地，曲成万物"等等，此比西洋人言征服自然、利用自然尤伟大、尤宏富。荀卿《天论》言"制天而用之"一段，即本于《易》。假使此等广大义趣不绝于汉世象数之易家，则吾古代百家之科学思想必大发达无疑。又如"制器尚象""备物致用""立成器以为天下利"等等精义，亦皆科学精神。由此精神发展去，则生产技术与工具必早有发明，而吾之社会因仁与礼之本原异乎西洋，或者不至演资本主义社会之毒而别有一种创造。易言之，即《礼运》大同之盛得早现。

二、《公羊春秋》已不许大家庭组织存在，一家至多只许五口人。子多者，其长成必令独立成家，不许父母兄弟聚成大家。倘此制实行中国，决不会为秦以来二三千年之丑局。

三、尊书言中国只有民有民享，而无民治，真奇哉！信若斯言，人民不参与国政而享谁，而有谁乎？譬如某家子弟不治家事，而专倚赖父兄管家者，此等子弟犹得享其家，有其家乎？《周礼》之地方政制严密至极，此非民治乎？各职业团体皆得以其职与内外百职事并列，此不谓之民治而何谓？《大易》比卦之义，即人民互相比辅为治，此得曰吾之臆解乎？

吾略举三证。中国文化分明未成熟，先圣启其理想，后嗣不肖未能析明与实践。何谓成熟？吾所欲言者甚多，细节处亦多可商。

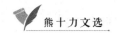
但一个多月以来，饱闻粪气，吾与仲女均无精神。觅《易经》又觅不好，无法达意，望兄垂察。兄书时引出问题，有极好处，亦时有病，昔吾今精力短促，难以细语商量。昔居觉生兄言，人生六十五以后便觉衰，力量不行。吾六十生日彼尝言此，艮庸昨犹忆其语，今六十六乃深觉精力差。东兄前言，候你回，吾三人当聚谈一会。宰平犹未至，将不来聊。

《与梁漱溟》，1951年5月22日

五

前天一信，殊未尽意，兹略申者：

兄言中西文化之发展似归本于感情（理性）与理智各有偏胜。吾以为如本体透露者，则本体流行，触处是全体大用显发，感情理智决无偏胜。故乾卦言仁而大明在，孟子、阳明言良知而万物一体之仁在，此真实义也，不可忽也。吾古圣以此为学，以此立教，以此立证，以此化民成俗。

本体未彻，即在虚妄（妄戏）分别中作活计，虽云妄识为主公，而本体未尝或熄，但妄识毕竟乘权，本体终难呈露。妄识流注，有势用而无恒德，有偏胜而非圆满（以上二语，千万吃紧，余确是自家体认得来。佛于圆成言圆满，《易》于乾体言圆神，皆不可以分别心去索解）。故其行于物也，则猛以逐物与析物辨物，而理智胜；其希求寄托也，则投依与执着之情胜；其与人之交也，则对峙与争衡之情亦胜（争衡谓由斗争而求得平衡）。兄谓西人只是理智的，其实西洋人亦是感情的，但其情为妄情，不自本体流露耳。所以西洋文化一方面是理智，一方面又是最不理智。兄似于西洋文化根荄尚未穷尽真相。西洋文化本自二希，一希腊的理智，一耶教（希伯来）的感情。二者皆不识本体，即不彻心源，此中有千言万语难说。吾年五十五以后，日日究一大事，渐有所悟，六十而后，益亲切无疑。

中国何尝只是情胜？古代百家之科学思想虽已失传，而天文、数学之造诣似已不浅。指南针作者，一云黄帝，一云周公，或黄帝首创，周公继述也，此非明于电磁者不能为，则物理知识古有之矣。李冰，战国时秦人，其水利工程当在今人犹惊叹莫及，则工程学盛于古代可知。木鸢则墨翟、公输并有制作，是亦飞机之始。舟舵发明，当亦甚古，西赖之以航海，此与造纸与印刷术贡献于世界者甚伟大。《易·系传》言"裁成万物"（天地曰成），荀卿本之作《天论》，又曰"开物成物""备物致用""立成器以为天下利"，此皆科学精神之表现。周初或有奇技淫巧之禁，而孔门《易》学已力反其说。汉人象数实为术数之《易》，非七十子所传孔氏之《易》。孟轲称孔子集大成，是为中国学术思想界之正统派，万世不祧之宗也。惜乎汉人迎合皇帝，妄以封建思想释说而经遂亡。今不注意圣人微言大义之仅存者，而断定中国决不能有科学，余实未能印可。科学思想发生于古代而斩绝于秦汉，此其故，自当于秦汉以后二千数百年之局考察情实，自不难见，吾《读经示要》曾言之。

民主政治，兄谓中国人只有民有民享诸义，而所谓民治，即人民议政或直接参政等法治与机构，中国古籍中似无有，吾谓不然。先说圣言治道，其本在仁，其用在礼，仁者礼之本，礼者仁之用，而政法皆礼之辅。《春秋》与《周官》之法制，可谓广大悉备矣。兹不及详，略就兄所云民治者征之。《春秋》书新人立晋便有由人民公意共选行政首长之法。《周官》于国危或立君等大事，亦有遍询民众之文；又于各种职业团体皆列其职，即各业团直接参与国政。至于地方制度之详密，尤可见民治基础坚实。余常以《周官》一经为由升平导进太平之治，灼然不诬。程朱与方正学并尊此经，皆有卓见。西洋议会少数服从多数之规，吾先哲似不尽赞同，兄已见及此，然先哲未尝不征取多数意见。孟子

盖公羊春秋家也，其言国人皆曰贤未可也，见贤焉，然后用此即明政长，必遍征人民公意，而仍不以众议为足，必本其所自觉者裁决之，始付诸实施。孟子虽就用贤一事为言，推之百政，殆莫不然。余谓孟子此等主张最有深义。凡民主国家遇有大事，咨于群众，往往有昧于远识者。咨其群而合于庸众偷堕之情；或逞其偏见，易得大众赞；或险默之徒阴挟野心，而饰辞以欺骗群众，一夫倡说，众人不察而妄和；此弊不可胜举。是故孟子言用贤必遍征国人公意而卒归于政长之本其所见，以为裁决，如此则政长有前识于大计，议会不得挠之，此为政长留自决之余地，实议会政治之所当取法也。春秋战国间，法家谈民主者，必与儒家相为羽翼，惜其书已失传，《读经示要》曾言之。孔门之儒大抵依据《春秋》《周官》，注重法制。如孟子伤当时之民无法守，又曰"徒善不足以为政"，其留意法制可知。今传孟氏之书，或其弟子所记，不可窥子舆思想之全也。《管子》书似亦大体近于民主思想，而惜其不纯，似多杂糅之文，七十子后学尚法者所托。六国昏乱，一切学术濒于废绝，秦政更毁之务尽。汉儒征焚坑之祸，《春秋》许多非常可怪之论都不敢著竹帛。史公、何休当时尚闻口义，汉以后遂不可复闻矣。今若遽谓古籍中无民治制度，吾就《春秋》《周官》《孟》《管》诸书推之，犹不敢作是武断。

中国学术，兄又谓其非哲学，或不妨说为主义与思想及艺术，吾亦未敢苟同。夫哲学者，即指其有根据及有体系之思想而言。非空想，非幻想，故曰有根据；实事求是，分析以穷之，由一问题复引生种种问题，千条万绪，杂而不越，会之有元，故云体系；思想之宏博精密如是，故称哲学。子贡称孔子曰"宗庙之美，百官之富"，可谓能了悟孔子之思想者。孰谓如是美富之思想，不可名哲学乎？主义者，综其思想之全体系，而标其宗主之义，以昭示于人，故言主义。孰有不成学术而可言主义乎？艺术毕竟是情趣之境，非由能诠深达所诠（能诠谓智，所诠谓理）。今俗以中土之学归之艺术，是自毁也，而兄何忍出此乎？斯文行坠，吾偷存一日，犹当维护朋友之义，存乎直谅，愿察苦怀，勿以为迂人有成见也。

《与梁漱溟》，1951年5月24日

高赞非记语（节选）

钟伯良治中国文化史。先生语之曰，汉魏及李唐两次大变端，极须注意。汉魏之际，是中国文化浸衰而将变底时机，李唐之世，是印度佛化统一中国成功底时期。两汉承周秦余烈，民德不偷，（是时民俗，任侠尚义，故武帝、卫、霍能用之以夷胡虏。）国力极盛；（北逐强胡，西通西域，西南拓地亦复广远。）推迹政治，则地方制度之良、吏治之美，饶有民治精神；器不楛恶，工艺足称；商旅远涉异域，不避险难，可谓盛矣。独以大一统之故，天下习于一道同风，朝廷又开禄利之涂以奖经术，于是思想界始凝滞而少活动，则衰象已伏于此时矣。又自光武宏奖名教，士大夫皆思以气节自见，始于激扬，终于忿矜，气宇日以狭小。晚周先民各用其思而莫不渊广，各行其是而莫不充实，不尚众宠，不集一途，浩荡活泼，雄于创造之风，于斯尽矣！夫标名教而使人矫拂天性以奔赴之。历久则非人之所能堪也。故曹氏父子兴，始倡文学、恣情欲、尚功利，求不仁不孝而有治国用兵之术者，其为汉氏之反动思想也甚明。文学者，本以摇荡情感，倡之者既主于邪僻，绝无深根宁极之道，则率一世以为猖狂混浊，逞兽欲而失人性者，势所必然，而莫之能御也。故五胡乘中夏无生人之气，得入而据之，以恣其杀戮，所以招致者渐也。故夫中国文化自两汉盛时已伏衰象，迄于曹魏而破坏遂不堪矣。是时中国民性固已稍颓，然奋厉之气犹有存者。则魏晋间文学披靡之余，乃复有上探晚周思想，玄言宏廓深远。名、数、礼典、音律、医术，精擅者亦众，工艺复极其巧。魏马钧为木人，能令跳丸、掷剑、缘缅倒立、出入自在；尝试作指南车，又为发石车，飞击敌城，使首尾电至；又作翻车灌水，更入更出。钧巧若神变，惜未尽试所作。传玄序而叹之。（见《魏志·社夔传》。）又魏世为陵云台，先平众木轻重，无锱铢相负，揭台高峻，常随风动摇，终无倾倒。（见《世说·巧艺篇》。）略征一二事，足见当时制造已极精矣。至其社会政治思想，则盛倡自由。鲍生之论，则为无政府主义者导先路。郭象《庄注》亦曰："伯夷之风，使暴虐之君得恣其毒而莫之敢亢也。"（见《让王篇》。）向秀明治道之极，在于物畅其性，而恶夫为治者之自任而宰物。其言闳深，异乎嵇康辈只为愤辞者矣。（郭象《庄注》原出向秀。）汉世，帝制之势已高严。自汉已降，而奸雄草窃迭起不穷。生灵涂炭，惨酷已极。此自由之声，所为疾呼。然内乱未弭，五胡又乘之，真人道之大厄也。要之六代衰乱，实汉氏之结果，而曹魏亦助长焉。中国文化在汉世顿呈凝滞不进之状，思想界已僵固而无活气，空以名教宠章，牢笼天下，其积弊之深，必将发泄于后，固事理所必至者。曹操虽反名教，然彼实生于思想涸竭之世，而纯为名教陶铸之人物。值汉德衰，不能明白以自树立，乃伪托文王之迹。故虽富于机智，而识见不能超特，局量不能宽宏，气魄不能伟大。毕生精力尽耗于猜忌与掩饰之途。其卑小如是，比于新室，已不足当仆围。及司马氏效之，其细益甚。故石勒小胡犹得窃笑于其后。识者观魏晋开基，已卜世运升降之机矣。（魏晋已下，大领袖人物遂不多见，故民质日以脆弱。）是时所幸者，则思想界承两汉积衰之后，而忽呈奇伟之观。自玄家逮于众艺，纷纷崛起，辨物理，达神旨，浸淫返于九流，是《易》所谓穷则变之兆。盖中夏民族，本伟大之民族也。所资者深，所蕴者厚，宜其剥极而必复也。此转变之机势，虽经胡尘蹂躏，不少衰息。延及隋氏，遂一南北而纾祸乱。迄乎初唐，威武广被于四夷，文教普及夫群蛮，固泱泱大风也。此岂一二君相之力骤致于一旦者？盖六代以来，哲人艺士之努力，所蕴蓄于社会者，深且大故也。夫自汉魏之际，肇始变化，爰及隋唐，国力既盛，宜其文化日益发展，不至夭殇。然而初唐之盛未几，社会复归混浊，政治乱于武

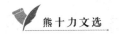

夫。六代以来之学艺，造端虽宏，至此而一切斩焉绝迹，此何以故。则印度佛教思想，正于初唐之世而告统一中国之成功。是以举中国之所固有者而尽绝之也。此治中国文化史者所万不可忽视之一大变也。佛法东来，本在季汉之世，僧徒多来自西域，初亦不能盛行。唐窥基法师《唯识述记序》："在昔周星闷色，至道郁而未扬。汉日通晖，像教宣而遐被。多睹葱右之英，罕闻天竺之秀。音韵壤隔，混宫羽于华戎。文字天悬，昧形声于胡晋。"据此，可想见推行之困难矣。及罗什来华，以其精通三藏，又门下多材，盛事翻译，玄风始畅。然犹乘三玄余焰，附之以彰，未能独旺也。盖佛法东来，得餍乎国人之心者，虽原因不一，而主要之因则以玄家喜谈形而上，（三玄于形而上之理只是引而不发。魏晋玄家才偏重及此耳。）极与佛家接近，故迎合甚速也。如远公著《法性论》曰："至极以不变为性，得性以体极为宗。"罗什见论而叹曰："边国人未有经，便暗与理合，岂不妙哉？"远公故玄家，而特歆净土，以逃于佛，其理解固未尝得力于佛也，罗什之言可证。又僧肇著《般若无知论》，罗什览之曰："吾解不谢子，文当相揖耳。"肇公此论，亦不出玄家见地。当时玄家既接近乎佛，而佛者亦乐援玄以自进，故佛法未遽独盛也。时国内释子，颇多坚苦卓绝，只身渡穷塞、犯瘴疠、履万险，求法天竺者甚众。然发生重大影响于祖国者，盖亦罕见。及唐玄奘西渡，研精群学，在印土已有大乘天之称。回国以后，而太宗以英伟之帝，竭力赞护，于是聚集英俊，大开译场。高文典册，名理灿然，沃人神智。况复死生问题，足重情怀。则自汉魏以来，缓兵进攻于中国思想界之佛法，至此得玄奘与太宗之雄略，大张六师，一鼓作气，遂举中国而统一于印度佛化之下。自此儒道诸家，寂然绝响，此盖中国文化中断之会也。佛法既盛，不独士大夫翻然景从，而其势力直普遍齐民、愚夫愚妇莫不向风而化、祷祀殷勤。盖社会观感所系，不在学校而在寺宇，不在师儒而在僧徒矣。汉魏之际，方变而上复晚周，萌芽骤苗，遽折于外来之佛教。此固当时华梵间不可思议之遇合，不可阻遏之潮流。（佛法急图东展，而中国之玄学与其环境又恰与之应合。）然佛教徒亦未免过于倾向外化，而将固有学术思想摧抑太甚。如佛道论衡，诋毁老庄，其词多顽鄙不足一笑。僧徒既不习国学，又妄以褊心嫉异己。此所以造成佛教大一统之局。由今观之，不得不谓为吾国文化史上之大不幸也。夫佛家虽善言玄理，然其立教本旨，则一死生问题耳。因怖死生，发心趣道。故极其流弊，未来之望强，现在之趣弱；治心之功密，辨物之用疏。果以殉法，忍以遗世（六代僧徒多有焚身殉法者，然莫肯出而救世），沦于枯静，倦于活动，渴望寄乎空华，（求生西天。）盲修绝夫通感。近死之夫，不可复阳。此犹有志苦修者也。若夫托伪之流，竞权死利，患得患失，神魂散越，犹冀福田，拜像供僧，诵佛修忏，其形虽存，其人已鬼。复有小慧，稍治文学，规取浮名，自矜文采。猥以微明，涉猎禅语，资其空脱，掩其鄙陋。不但盗誉一时，抑乃有声后世。苏轼、钱谦益、龚自珍皆是此流。今其衣钵授受未已也。至于不肖僧徒，游手坐食，抑或粗解文辞，内教世语，胡乱杂陈，攀缘势要，无复廉耻，等诸自桧，亦无讥焉。是故自唐以来，佛教流弊普遍深中于社会，至今方蔓衍未已。民质偷惰，亦有由来。凡在有知，宜相鉴戒。然则佛法可绝乎？曰："恶！是何言？昔者佛法独盛，故其末流之弊愈滋。今则势异古昔，扶衰不暇，而可令其绝乎。佛家卓尔冥证，万事一如。（事事皆如，故曰一如。所谓一叶一如来也。）荡然无相而非空，寂然存照而非有。智周万物，故自在无挂碍。悲孕群生，惟大雄无恐怖。（虽悲而无怖于险难。）仰之莫测其高，俯之莫极其深。至哉佛之道也！是故会通其哲学思想，而涤除其宗教观念，则所以使人解其缚而兴其性者，岂其远人以为道也哉！"

中国文化既被佛家倾覆了，直到两宋时代，大儒辈出，才作中国文化复兴运动。他们都推本于晚周底儒家，定孔子为一尊，却无形地蹈了董仲舒、汉武帝底故步。魏晋人上追晚周，派别却多。（后人提及六朝，便以清谈家了之，而不肯细察当时学术流别。）

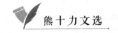

宋人比之，似觉规模狭隘。然而他们所以宗主儒家，也有道理。儒家有两个优点：一是大中至正，上之极广大高明，而不溺于空无，下之极切实有用，而不流于功利。二是富于容纳性，他底眼光透得远大，思想放得开阔，立极以不易为则，应用主顺变精义。（儒家根本思想在《易》。）规模极宏，方面尽多，善于采纳异派底长处而不专固、不倾轧。他对于道家、法家等等都有相当的摄受，这也是不可及处。（《大学》格物的主张与名家不相忤。荀子言礼治，亦有法家影响。《周礼》言政治、经济，也有法家精神。《易·系传》谈治理，大致在辅万物之自然，绝不自任以宰物。儒家各派都守这个原理，是与道家相通的。）我和宰平在北海快雪堂曾谈到儒家这两个优点，他也和我同意。所以宋儒特别提出儒家来做建设中国文化底基础。他们在破坏之余，要作建设事业，自然须有个中心势力，不容如魏晋思想那样纷歧。因此，宗主儒家尚不算他们规模狭隘之征。

自佛教入中国以来，轮回之说普遍于社会，鬼神和命运的迷信日益强盛。（佛教分明是多神教，不过他底说法很巧妙。他把旁底神教如大自在天等极力拨倒，所以人说他是无神论。殊不知，人家底神打倒了，他底神又出来。试问十方三世诸佛，非多神而何？又如人人有个不死的神识，非多神而何？所以，信佛教者必信鬼神，其教义固如是。若乃三世因果之谈，则为世俗命运观念所依据，这个影响极坏。）人生屈伏于神权，沉沦于鬼趣，侥幸于宿定。（贪求世间利乐者，则妄计命运或可坐致，人情侥幸大抵如此。）这不能不说是佛教之赐。（《三百篇》是中国先民底思想的表现，都是人生的、现世的、无有迷于神道者。如二南于男女之际及凡日常作业、习劳之间写出和乐不淫与仁厚清肃勤厉之意，表现人生丰富的意义、无上的价值。孔子曰："人而不为《周南》《召南》，其犹正墙面而立也欤？"其得力于是者深矣。故迷信鬼神之风，非吾先民所固有也。古时虽重祭祀，特由慎终追远与崇德报功，以致其仁孝不容已之心耳。战国迄汉世方士，始假神怪以骗人主，然民间不必被其风，自佛教东来，而后迷信普遍于社会。）幸有宋诸先生崛起，倡明儒家之学，以至诚立人极。（《通书》阐发此旨。）形色不得呵为幻妄，日用壹皆本于真实。（念虑之微，事为之著，无往非至诚所发见。）原吾生之始，则此生非用其故，（若有神识，则是故物传来。）是生本创新，而新乃无妄而皆诚。故君子至诚无息，以其日新而日生。迄夫形尽于百年，则虽生随形尽，而曾有之生、曾有之诚，其价值则亘古常新而不以百年尽也，又何待有个别的实物遗于当来而后为快乎。（神识即个别的实物。）若果有之，则生生者将皆用其故而莫或创新，造化亦死机尔。岂其然哉？是故杜绝神怪，以至诚建人极，道尽于有生，（未知生焉知死。）知止于不知，（生何自来，此不可说，所谓不知也。然已曰不知，岂真不知哉。故冥会于斯，而存诚以践形，则生之所自，即生是已。知至此而止矣。何必以私意推求，妄执有个别的实物若神识者，以为吾生之所自哉。）物我同乎一体，而莫不各足，（物各足于其性。）显微彻夫一实，而无有作伪。（仰不愧，俯不怍，至诚塞乎天地。）饮食男女，凡生人之大欲，皆天则之实然。循其则而不过不流，故人俗即天性而不可丑恶。尼父曰："道不远人。人之为道而远人，不可以为道。"至哉斯言乎。自周、张、二程诸儒崛兴，绍宣圣之绪，而后知人生之尊严而不可亵侮也，人生之真实而不为幻化也，人生之至善而不为秽浊也，人生之富有而无所亏欠也。（本性具足，故发为万善，而通感不穷。）故鬼神既远，人性获伸。这是诸儒莫大的功劳。然而他们却有短处，现在不妨略为说及。他们涵养本原的工夫，虽说绍述孔氏，却受佛家禅宗影响太深，不免带着几分绝欲的意思。实则欲亦依性故有，不一定是坏的东西，只要导之于正便得。如孟子教齐宣王好色好货，都可推己及人，使天下无旷夫、无怨女，及使百姓同利。这欲何尝不可推扩去做好的。如果要做绝欲工夫，必弄得人生无活气，却是根本错误。或谓今人纵欲已极，正要提倡绝欲以矫之。不知讲学唯求其理之真

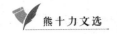

而已，如何存得一个矫弊的意思。（矫又成弊。）俟鸟兽之风息，人道反诸正，将皆投诸真理之怀抱，而何至纵欲无已乎。我辈服膺先儒，不要漫无拣择。他们因为主张绝欲，故用功亦偏于主静。如伊川见人静坐，便叹其善学。静坐本是他们共同的主张。后来李延平更看得重要。尝曰："学问之道，不在多言，但默坐澄心体认。天理若见，虽一毫私欲之发，亦退听矣。久久用力于此，庶几渐明，讲学始有力耳。"在他们底理论，动静是一致的。所谓即动即静，即静即动的，他们根本不承认是废然之静。这个理论，我也未尝否认。不过道理是很古怪的，往往"差之毫厘，谬以千里"，这个差谬，大须注意。静中固然不是没有动，但吾人才多著意在静，便已把日常接触事物底活动力减却许多。（此处吃紧。）所以他们虽复高唱格物致知，而其弟子已沉禅悦，而惮于求知。他们虽复不忘经世致用，而卒以养成固陋偷敝的士习。因为他们把主静造成普遍的学风，其流弊必至萎靡不振，这个是不期然而然的。后来陈同甫、叶水心一辈人，才起来反抗他们底学说。同甫思想虽粗，却甚可爱。那时候确少不得同甫一派底功利思想。（同甫云："禹无功何以成六府？乾无利何以具四德？如之何其可废也？"）同甫和朱晦翁辩论底几篇书极有价值，要最紧的是两个意思：一是反对他们尊古卑今而否认进化的思想，二是反对他们自信未免于狭，而又把道理说得太高，所以误视三代已下底人都是盲眼。同甫是个文学家，只惜气力太虚浮，毕竟振作不起来。水心思想较同甫稍细，而不及同甫开张。他是一个批评家，颇似汉王仲任之流。然本领不大，虽博辩而无宏规足以自树。故虽有一时摧陷之功，终亦不能别辟生路。总之，周、程诸儒虽复树立儒家赤帜，而实受禅宗影响太深，未能完全承续儒家精神。虽则学术不能不受时代化，亦不能不容纳异派底思想，而他们却于儒家有未认清处，所以骨子里还是禅的气味多。他们主静和绝欲底主张，都从禅家出来的。这两个主张殊未能挽救典午以来积衰的社会。因为群众是要靠士大夫领导的，而当时士大夫都去做绝欲和主静底工夫，玩心无形之表。用超世的眼光看他，诚然超越人天，大可敬服；用世间的眼光看他，不能不说是近于枯槁了。

问："宋明儒绝欲工夫，却能保持非功利的生活，于此见得人生无上价值，似未可反对也。"先生曰："此须识我立言意思。我不是主张纵欲的，但用功去绝欲，我认为方法错误。只要操存工夫不懈，使昭昭明明的本心常时提得起，则欲皆当理，自不待绝了。如果做绝欲工夫，势必专向内心去搜索敌人来杀伐他。功力深时，必走入寂灭，将有反人生的倾向。否则亦好执意见以为天理，因为他一向孤制其心，少作格物的工夫，结果自非拿他底意见来做天理不可。宋明末叶底理学家，都是好闹意见，至国亡而犹不悟。举一个例子，如吾家襄愍公。清乾隆帝常思之曰'明朝不杀熊廷弼，我家不得入关'。可见襄愍在当时是关系中国存亡底一个人。而黄宗羲《明儒学案》上良知大家邹元标等，就是甘心亡国以杀害我襄愍公底主要犯。元标顽猘不足责，宗羲以遗老自命，于此事亦为元标文其奸。可见宗羲把意见做天理了。（宗羲最不光明，《原君》篇系窃人之说以为己说。）孔孟都没有教人绝欲。孔子举克己复礼之目，曰'非礼勿视，非礼勿听，非礼勿言，非礼勿动'，只是教颜子在视听言动间操存此心，不流入非礼处去便是了。这工夫何等切近，何等活泼。至于孟子教人集义以养浩然之气，（集义便是致知，便于事事物物知明处当。）分明不是离事物而孤求之心。只集义养气，则欲不待绝而自无违理之欲。所以，我觉得宋明儒底方法不对，还是上求之孔孟为好。"（以上评宋明儒绝欲，实太过。理学诸儒尚未至绝欲。但节欲工夫不可无耳。欲不可绝，而不可不节也。今仍存旧说者，志吾过故。十力记。）

原载《尊闻录》

经为常道不可不读（节选）

《大学》开端，举三纲领，曰明明德，曰新民，曰止至善。三纲领实是一事。一事者，明明德是也。而析言以三者，义有独重，不得不从明明德中别出言之。明季有陈确者，平生力攻《大学》，以为发端之文，下三在字，便不可通。此咬文嚼字而不求义者也……

明德，指目本心也。本心有自证之用，故云自照。《诗·大雅·皇矣篇》云："予怀明德，不大声以色。"此诗美文王也。予者，诗人托为上帝之自称。明德谓心。言帝自云："予怀念文王之存心，深微邃密，故其著于声音颜色之间者，莫不安定。"不大，谓无疾声遽色，即安定貌。此本心得其养也。大则嚣动，乃本心放矢之征。文王不然。诗人以此美文王，可谓善形容盛德气象。（诗本义只如此。《中庸》引用之，则意义稍易。董生所云诗无达诂也。）据《诗》与《易》言明德者，并指目本心。故知《大学》明德，亦是本心之目。郑玄释此，泛言至德，而不实指本心。将谓明德由修为所积至耶，则内无其源，而修为恶从起。孟子所以斥外铄之说也。王阳明诗曰"无声无臭独知时，此是乾坤万有基。抛却自家无尽藏，沿门持钵效贫儿"，正为《大学》明德作释。（阳明之良知即本心，亦即明德。）少时读此诗，颇难索解，以为无声无臭独知时，正谓吾心耳。吾心与吾身俱生。非超脱天地万物而先在，何得说为乾坤万有基耶？累年穷索，益增迷惘。及阅《列子·天瑞篇》，粥熊曰：运转无已，天地密移，畴觉之哉。张处度注曰："夫万物与化为体，（万物无实自体，只在大化流行中假说有一一物体耳。）体随化而迁，（一一物体，皆随大化迁流。）化不暂停，物岂守故，（离化无物也。化即不暂停，即物无故体可守也明矣。）故向之形生，非今形生，（前一瞬形生，已于前一瞬谢灭。后一瞬形生，乃新生耳。然新生亦复无住。）俯仰之间，已涉万变。至此，忽脱然神悟。喜曰：吾向以天地万物为离于吾之身心而独在也，而岂知天地与我并生，万物与我为一耶；（悟化，则吾与天地万物非异体。）向以缘虑纷驰、物化而不神者为心，而岂知兀然运化，无定在而靡不在，遍万有而为之宰，周吾身而为之君者，此乃吾之本心耶……

夫自本心言之，则其主乎吾身者，亦即主乎天地万物。（本心者，依万化之实体而得名。此吾人与天地万物所共有。前注可复玩。）阳明所谓无声无臭独知时，此是乾坤万有基，理实如此，非妄臆之谈也。识得本心，则万化万变、万事万物、万理万德皆反己体认而得其源。《大易》所谓大生广生之蕴，不疾而速不行而至之神，富有日新之盛，一求诸己而已足矣。

《大学》开宗明义，首曰"大学之道，在明明德"。明德谓本心。上明字谓工夫，工夫只是反己。证之下文，经之自释，引《康诰》曰"克明德"。按克明是工夫，德即大学之明德，谓本心也。《太甲》曰："顾諟天之明命。"按朱注，顾谓常目在之也。諟犹此也。天之明命者，天即实体之代词。吾人由得实体以生，故从实体方面言之，则为实体之付与于我而说为明命。明者赞辞，犹明德之明也。明命在人，即是明德，亦即是本心。常目在之，谓常时保任此心，不令放失。此即明之之工夫也，义极精微。佛家禅定工夫，亦与顾諟意思相近。《帝典》曰"克明峻德"。按克明是工夫，峻德犹言明德，谓本心。而结以言曰，皆自明也。自明之自字，最吃紧。自明即是反己体认。日常动静之间，不懈存养，不忘察识。斯体认之功，察识犹云省察，乃存养中之一事。如有私意猛起，致令本心无权作主，因说本心放失。然本心究未尝不在。此时

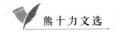
却自知私意不堪告人。即此自知，便是本心之明仍潜伏在。吾人于此，恰好依住本心，照察他私意，不随他转去。此便是察识，亦即存养。若顺私意滚去，久之，且任私意自为诡辩。而以非为是，此谓自欺。至此，则本心乃真放失。庄生说为心死是也。如此，即完全不自明也。反己愈力，而本心之全体大用，愈益呈显。至此，始洞识宇宙造化实有于己。所谓官天地、府万物，盖本来如是。岂其任意图度，虚构一圆满妙善之境，可追慕而不可实证者哉。世之言哲学者，不求自明，不知反己，唯任理智思构或知见卜度，只是向外寻求。寻求愈深，去真理愈远。构画愈精，迷谬愈甚。（哲学家各有一套理论。如蛛结网，自缚其中而不悟。）阳明所谓抛却自家无尽藏，沿门持钵效贫儿，箴砭之意，亦已切哉。《大学》一篇，总括六经之旨，而开端直曰明明德，又申之曰自明也。呜乎，此六经之心印也。汉唐诸儒守文而已，智不及此。程朱诸师特表章此篇，列为四子书之一。朱子以虚灵不昧释明德，则已直指心地，异乎康成之空泛无着落。此圣学之绝而复续也。然程朱犹有未彻处。（此姑不详。）要至阳明，而后义解两无碍矣。（解谓能解，义谓所解。）启群迷而延圣慧，烈智炬以烛昏城。此恩讵可忘哉。

吾少时不解《大学》"明德"。阅康成注，只训释文句而已，觉其空泛无着落。阅朱注，以虚灵不昧言，始知反诸自心。及读阳明咏良知诗，即前所引者，则又大诧异，怀疑万端，苦思累年不得解，偶阅列子，忽而触悟天地万物本吾一体，须向天地万物同体处，即万化大源处认识本心。现前虚灵不昧者，只是本心之发用，而未即是本心。虚灵者，动相也。动则可以违其本也。唯动而恒寂，乃是本心通体呈现。阳明诗指出无声无臭之独体是乾坤万有基。此乃于虚灵而识寂然无扰之真，方是证见本心。以视朱子认取虚灵为真宰者，盖迥不同也。此中意义，极幽远难言。学者深造而自得之，亦一乐也。余读《列子》，二十五岁左右，当时只是侻然一悟，自未至邃密。然对于阳明良知与《大学》明德之了解，确自此启之。《列子》虽伪书，其取材多《庄子》及他古书，有可珍者。或即张处度所伪托，亦未可知。处度为老庄之学，老庄本易家别派也。处度谈变化，多得《易》旨云。或有问曰，先生言，今心理学上之所谓心，非是本心。然则心有二种欤？答曰：元来只有本心，何曾于本心外别有一种心耶。但本心之发用，即所谓虚灵不昧者，其流行于官体感物之际，而官体则假之以自用，即成为官体之灵明，用以追逐外物。如此，则虚灵不昧者，乃失其本，而亦成为物矣。吾谓之物化而不神者以此。孟子所谓物交物，上物字即谓虚灵不昧者，已失其本，而物化也。以此物与外物交感，谓之物交物。至此，复有习气生。习气者，物交物之余势也，则亦成为潜能，而与官体相顺应。心理学所云本能即此也。其否认本能者，则粗浮而短于内省者也。习气不可遮，即本能不能否认也。夫虚灵不昧者，既为官体所役而至物化，则不得谓之本心。习气又物交物之余势，明明非本心。而心理学之所谓心，却只于物交物处认取，及于习气之储为本能者认取。此中义理分际，不可不勘定也。心理学所为，以物理的官体或神经系为心理的基础，及以本能说明心作用者，其所设定之领域在此也。本心则非其所问也。故心理学之心，由官体形成而后有，元非别有来源。易言之，未尝不依本心而有。然毕竟不即是本心。此不可无辨。由是义故，则本来无二种心者，却又不得不假说有二种。晚周道家说道心及人心。佛家亦有类此之区别。《新唯识论》卷下《明心章》及卷中《功能章》谈习气处，并宜参看。

朱注：明德者，人之所得乎天而虚灵不昧，以具众理而应万事者也。详此所云，其迥异后来阳明之说者，不唯虚灵不昧，未即是本心而已，其甚相水火者。朱注云具众理，则心不即是理，但具有此理而已。（王船山疏解朱注，于具字看得吃紧。船山盖反对阳明者。）阳明却云心即理。（即者，明不二。如云孔丘即仲尼。）此为程、朱后学与阳明聚讼最烈之一问题。余以为自玄学或

心学言之，阳明之说是也。（穷究宇宙本体之学，谓之玄学。阳明则直指本心。盖以宇宙本体不待向外求索，反诸吾之本心，当下即是，岂远乎哉。吾心之本体，即是万物之本体，非有二本也。故阳明派下，又立心学之名。其实，阳明派之心学，仍是玄学。）万化实体，（实体，犹云本体。）非是顽空。盖乃含藏万理，虚而不屈，动而愈出者也。故实体亦名真理。（虚而云云，借用老子语。屈者，穷竭义。实体本虚寂无形，而含万理故，则至虚而不可穷竭也。动者，言实体之流行成化也。成化，则理之潜含者，多所表出。《诗》曰"有物有则"。物者，化迹也。则者理则。物有理则，乃实体内涵之理之表出也。）本心依实体得名，则于本心而云心即理。斯为诚谛，夫复何疑。程子曰"在物为理"，朱子云"心具众理"。夫理既在物，而非即心，则心如何得具有此理，程、朱所不能说明也。

　　本心即万化实体，而随义差别则有多名：以其无声无臭，冲寂之至，则名为天；（此与宗教家言天者不同。《中庸》末章可玩。）以其流行不息，则名为命（命字有多义，而天命之谓性，五十知天命等命字，则皆以目实体之流行）；以其为万物所由之而成，则名为道；（道者由义。王辅嗣老注：道者，万物所由之而成也。）以其为吾人所以生之理，则名为性；（《庄子·庚桑楚》"性者，生之质也"。注：质本也。本者，犹云所以生之理。）以其主乎吾身，则谓之心；（此中心字谓本心。管子云，心之在体，君之位也。）以其秩然备诸众理，则名为理；（《易》曰："易简，而天下之理得矣。"夫穷理至极，必归易简。科学上普遍之原理，犹非易简，不得不冒天下之道也。哲学穷至万化实体或本心，则真易简矣。易所云易简之理，乃实体或本心之异名耳。宋儒言天理，亦本之《易》。）以其生生不容已，则名为仁；（孔门之仁，即谓本心。仁乃生生之德。生生便有温然和悦义，故仁以爱言。）以其照体独立，则名为知。（阳明良知，《新唯识论》性智，皆本心之目。照体者，言本心自体元是明觉的，无有迷暗。独立者，绝对义，主宰义。）以其涵备万德，故名明德。明德之明，赞词也。言其德明净。《帝典》曰"克明峻德"。《康诰》曰"克明德"。此等德字，皆目本心。若将德字作虚泛之词，则明字全无意义。如曰：显明其德于天下，则圣人修德，岂为欲显明于天下耶。有所为而为，斯不德矣。且德即无根，又何从修。天下宁有无根之木，无源之水乎。夫心体元是万德皆备，故以明德名之。德既固有，非从外铄。其发于事亲，则名孝德；发于取与不苟，则名廉德；发于不自暴弃，则名自尊之德。（每见后生喜言自尊为新道德，而不明自尊为何义。推其本意，盖以狂妄与我慢为自尊耳。以此为新道德，诚哉其新矣。民国以来，士类中不丧身名利之途者有几乎，不夷于鸟兽者有几乎，呜乎痛矣。）发于遁世不见是而无闷，及自信所正见，自行所真是，违众盲、破重锢、排大难，而不震不惧，谓之独立之德。（此中正见、真是等字，甚吃紧。见不正而自信，则邪执也。非真是而行之，则乱人也。问：此如何辨？答：此中只克就具有正见及真是者而说，若论如何为正与真，则又是一问题。此不涉及。）略举数德，余可例知。总之，一切道德，（俗云道德，取复词便称耳，实只合用一德字。）皆本心之随事发现也。（吃紧。）德即是心，非如法规然，从外制之也。俗学不见本原，乃依此心随事发现之迹（如孝及廉，乃至万德，是其已发现而得名为孝或廉等等德目者，皆迹也。）而执之，殆视德律若法规然。（不知德律即心。）袭而行之，矜而尚之，及事已万变，而应之者犹泥迹。不务反诸心，以权事之变，行其所安。如郑某欲效忠故主，而不惜从寇以危害国家民族。则泥忠之迹，而不务反诸心以权衡事变也。不知德即心者，其害之烈至此。有难："先生所云，泥迹之害，只是不曾权衡事变。故言德者，重在度事。若只言德即心，恐又不无弊也。如郑某之从寇而不嫌者，正以为本自忠心耳。"答曰："汝云重在度事是也。试问，度事之度，是汝心否。若无汝心，度者其

谁。无度事之心，则事变得失，有可言乎。夫心度事而应之得，是故名德。度者心也。应而得者亦心也。则德即心审矣。汝须知，此中吃紧，在认识一心字。明德乃本心之目，非习心也。（习心，详在《新论》。）"习心泥迹，而本心无迹也。习心无权。（习心只如机械然，循其素所迷执而转去，乌得权。）而本心即权也。自日常应事接物，以至科学上之辨物析理，与哲学上之探索宇宙人生诸大问题，都凭一个最高之权来作衡量，才不陷于迷谬。此权者何，世俗或以脑筋当之。其实，脑筋但是此权之所凭借以发现者，而非是权。当知，权即本心。凡意见或偏见、成见等等，皆习心用事，而失其权也。如郑某之自谓忠心，实习心也。盖其本心之亡也久矣。本心权也。权则平明也。何忍以故君利禄之惠而投寇仇，以陷国家民族于凶危哉。郑某之不德，由其无心也。准此而言，德即心，无可疑矣。郑玄本考据之学，故其释《大学》明德，不知直指本心，第以空泛语蒙混过去……戴震答彭允初书云，《大学》之明明德，以明德对民而言，皆德行行事。人咸仰见，如日月之悬象著明，故称之曰明德。倘一事差失，则有一事之掩亏。其由近而远，积盛所被，显明不已。故曰明明德，曰明明德于天下。此即宗郑玄注，明明德谓显明其至德也。试问，德行行事，由自外立法约束之而然耶，抑自内发耶。郑玄之误，吾既广说如前。今可勿赘矣。

....

如上所述，阳明以良知释致知之知。其所谓良知者，吾人与天地万物共有之本体也。在人亦名为心。（具云本心。）阳明尝语门人曰："天地气机，元无一息之停，然有个主宰。虽千变万化，而主宰常定。人得此而生，若主宰定时，与天运一般不息。虽酬酢万变，常是从容自在。所谓天君泰然，百体从令。若无主宰，便只是这气奔放，如何不昏。"薛侃问："先儒以心之静为体，心之动为用，如何？阳明曰："心不可以动静为体用。动静，时也。

（心遇物交感时名动。无物感时名静。）即体而言，用在体；即用而言，体在用。是故体用一源。若说静时可以见其体，动时可以见其用，却不妨。"（愚按此段语，学者所宜深心体究。静时可以见其体云云，结以却不妨三字，最有深意。心本无分于动静。人不能常存此心，故觉有动静耳。凡夫亦只好于静时返观心体。）阳明答陆原静书有云，未发之中，即良知也。无前后内外，而浑然一体者也。（吃紧。）有事无事，可以言动静，而良知无分于有事无事也。（无事时，良知炯然澄寂。有事时，良知亦炯然澄寂。）寂然感通，可以言动静，（寂然不动时，说之为静。感而遂通时，说之为动。）而良知无分于寂然感通也。（愚按良知无物感时，固是寂然不动。即物感纷至时，良知应之，仍自寂然不动。如阳明擒宸濠时，千军万马中，成败在俄顷。而阳明端坐堂上，处分军事，全不动心。只是平日涵养得良知透露耳。若是私欲作主，此时焉得不乱。）动静者，所遇之时。心之本体，固无分于动静也。（心字，宜易为意。见前附说。）理无动者也，动即为欲。循理，则虽酬酢万变，而未尝动也。从欲，则虽槁心一念，而未尝静也。动中有静，静中有动，又何疑乎。有事而感通，固可以言动，然而寂然者，未尝有增也。（心体恒寂，岂因动时而遂增动相乎。）无事而寂然，固可以言静。然而感通者，未尝有减也。（心体恒寂而恒感，岂因无事时而减其感通之灵乎。）动而无动，静而无静，又何疑乎。无前后内外，而浑然一体，则至诚无息，不待言矣。

阳明阐发良知奥义，略如上述。其谈致知之功，兹摘录一二则。薛侃问宁静存心时，可为未发之中否？先生曰："今人存心，只定得气。当其宁静时，亦只是气宁静，不可以为未发之中。"曰："未便是中，莫亦是求中工夫。"曰："只要去人欲、存天理，方是工夫。静时，念念去人欲存天理。动时，念念去人欲存天理。不管宁静不宁静。若靠那宁静，不惟渐有喜静厌动之弊，中间许多病痛，只是潜伏在，终不能绝去，遇事依旧滋长。以循理为

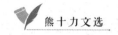

主,何尝不宁静。以宁静为主,未必能循理。"(愚按此段语,看似平常,确紧切至极。通六经而言,致知之功,要不外此。)又曰:"吾昔居滁时,见诸生多务知解。口耳异同,(愚按俗学求知解,只在口耳之间,未尝反诸心,切实体认此理。如此而争异同,是谓口耳异同。)无益于得。姑教之静坐,一时窥见光景,颇收近效,久之渐有喜静厌动、流入枯槁之病。或务为玄解妙悟,动人听闻。故迩来只说致良知。良知明白,随你去静处体悟也好,随你去事上磨炼也好。良知本体,原是无动无静的。此便是学问头脑。我这个话头,自滁州到今,亦较过几番,只是致良知三字无病。医经折肱,方能察人病理。"又曰:"良知本来自明。气质不美者,渣滓多,障蔽厚,不易开明。质美者,渣滓原少,无多障蔽。略加致知之功,此良知便自莹彻。些少渣滓,如汤中浮雪,如何能作障蔽。"又曰:"我辈致知,只是各随分限所及。今日良知见(见读现)在如此,只随今日所知扩充到底。明日良知又有开悟,便从明日所知扩充到底。如此,方是精一工夫。"(愚按良知无知无不知。无知者,未尝预存有某种知见故。无不知者,以其常在开悟与扩充中也。世俗闻良知是本体之言,便想象良知为一固定的物事,此乃大谬。)阳明问门人,于致知之说,体验如何。九川曰:"自觉不同。往时操持常不得个恰好处。此乃是恰好处。"先生曰:"可知是体(体者体认)来,与所讲不同。我初与讲时,知尔只是忽易,未有滋味,只这个要妙;再体认到深处,日见不同,是无穷尽的。"又曰:"此致知二字,真是个千古圣传之秘。见到这里,百世以俟圣人而不惑。"又曰:"此是人人自有的,觉来甚不打紧一般。然与不用实功人说,亦甚轻忽可惜,彼此无益。与实用功而不得其要者,提撕之,甚沛然得力。阳明致知之说,略述如上。夫致知之知,即是良知,即是本体,亦即前云正心之心。(此心字即本心。故阳明以身之主宰释之。若是私欲之心,如何可说主宰。)正者,谓心宜在君位,毋为情欲所胜也。正,即正位之正,非谓工夫。若作正其不正解，即正是工夫。然细玩经之下文，自释正心处，只归重心不在焉一句。不在者，即心失其君位也。故正者，只明心当正居君位。即承上修身，而言心为身之主宰是也。正字，不是显示工夫之词。盖正心工夫，只在诚意。经释诚意，而说毋自欺及慎独，此处却是工夫。阳明于正字尤误解。余于此不便详释经文，将来或别作释。正心工夫，只是诚意。而诚意之功，还须识得心体，才有把柄在手。否则不识自家真主宰，而欲向发用处（发用处谓意。意是心之所发故）求诚，则浮泛无据，终是脚根立不定也。故复指出良知是心之自体。吾人能返而认识此真宰。尽其致之之功，则意之本体（良知即是心。此乃意之本体。）既已呈现，即主宰常在。而于日用动静之间，倘有私欲潜伏思逞，只要主宰不失，便常能照察。（照察即是意，即是良知或主宰之发用。）于此而致诚之之功，即禁止自欺，（毋自欺之毋，即禁止义。）而慎保其幽独之微明。（前已讲慎独之独，即是一点微明处，即是意。夫微岂小之谓耶。凡势用之极盛者，盖莫如微。蓄之深而不可测，万仞之渊不足以为比方。成乎著而不可御，千军之势无可以为形容。甚盛哉，微明之为微也。）如是，即心之在身，乃常正其君位，（前已引管子云："心之在体，君之位也。"阳明云："身之主宰是心。"）不致为情欲所夺。故欲心无失位（无失位，即正义）者，必有诚意工夫。欲诚其意者，还须识得心体即是良知，而不已于致。致之为言尽也。朱子训为推极，亦通。尽者，谓识得良知本体（良知本体四字，作复词用），便存持勿失。（存者，存养。持，谓保任之也。勿失者，勿任放失。孟子云"收放心"，收即勿失。）使其充塞流行，无有一毫亏蔽也。（充塞，言其全体呈现。流行，言其大用无息。）不能致知，即本体未透，主宰未立。而欲于发用之意上求诚，则如乘无舵之舟，泛于洋海，其有不沦溺者乎。故欲诚其意者，先致其知。此阳明所谓学问须识头脑也。

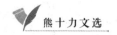

〔附说〕按去人欲，存天理，才是致知实功。学者切忌视为常谈而忽之也。人皆有良知在，即皆有天理在。人欲起而欺蔽天理时，而良知之明，未尝不自知也。此时便须去欲存理。稍一因循，即人欲横流，而天理亡，良知失矣。致知，只是严察于理欲之间，去彼存此。佛家所谓转依，即舍染得净，义亦近此。或问："理欲恐不易辨。"曰："只是一向自欺惯，故不易辨耳。"若良知常提起者，则凡生心动念，以及举足下足时，有一毫人欲搀杂。吾之良知，岂有不自知者乎？佛经有说，性地菩萨虽犯重罪，不堕地狱。却亦有疑之者。愚谓性地菩萨，只是自性昭然不昧。虽有时误犯罪，而性觉不失故。不至沦坠。此理可信。唯习于自欺者，不复能辨理欲，决堕地狱无疑。

《朱子集注》训致知之知曰：知犹识也。推极吾之知识，欲其所知无不尽也。"夫人之知识，是否可推极以至无不尽，姑置勿论。而知识多者，遂可诚意正心乎？此则吾所不敢苟同者。郑玄注云："知，谓知善恶吉凶之所终始也。"其于下文格物注云："格，来也；物，犹事也。其知于善深，则来善物。其知于恶深，则来恶物。言事缘人所好来也。"郑玄竟以情见释此知。（玄云："由善恶之知，来善恶之物，而曰事缘人所好来。"则玄之所谓知，正是情见。）其曰"知善恶吉凶"，殆淫于谶术之邪妄，而以是说经，则下于朱子又远矣，夫玄所云知善恶吉凶之知，即动乎情，则此知实非知也，乃私欲耳。此可为诚正之基乎。玄为学不见本原，其谬至此。总之，致知之知，即孟子所云良知。阳明切实体认乎此，而后据之以释经，盖断乎不容疑也。但阳明于正心之正，不免沿朱注之误。其说意有善有恶，亦误承朱子而不知辨正。此则智者千虑之一失也。或曰："阳明以良知言心，得毋自禅学来耶？"曰："甚哉，俗之昧然妄议，而不务求诸己也。"汝试反己体认，离汝良知还有心体在否。吾前所引阳明说良知诸文句，汝若字字反诸己，必可实得下落。而于经意，阳明意自历历无疑。此理岂是从他袭得来耶？而谓阳明取之禅耶？且《易》以乾（乾者神也。神即心）元明心体，而曰乾知大始，曰乾以易知。则直指知为心之自体者，乃《易》义也。《易》为群经之母，《大学》所自出。《大学》首章以三纲领开端，继以八条目，却自平治齐修正诚，一层一层，递推归本到致知上。向后只格物一条目，便换语气。足见致知处，正是会归本体，直揭心源。（心即是源，曰"心源会归"云云，二语只是一义，但变文言之耳。）《大学》之知，即《易》乾元之知。宗趣无殊，本原不二，同出孔门传授也。阳明遥契圣心，而可谓之禅乎。

或曰："佛氏言心体，不外一寂字。儒氏言心体，斥指以知。夫寂其至矣。儒者得毋只窥作用，而未见性耶？"答曰："体用不二，阳明子已言之矣。于此见得彻、信得及，儒佛长幼可识也。作用见性，佛氏宗门之说，颇有暗合于吾儒。"（参看《新唯识论》卷下《明心章》。）惜其趣寂之意犹多耳。夫知体至神，而未尝不寂。（知体者，即知即体，故云。神者，妙用无穷，生化不测之称。）而言知不言寂者，虑夫将有溺寂以为学，只见本体之寂而不见夫本体之亦寂亦神，其变不测也。（虑夫，至此为句。）阳明后学，杂于禅者已有归寂之谈。如李士龙为讲经社，会中有言良知非究竟宗旨，更有向上一著，无声无臭是也。夏廷美抗声曰："良知曾有声有臭耶？"片言折狱，廷美有焉。

上来说致知已讫。次谈格物。朱子以知为知识之知，而谓天下之物莫不有理。格，至也，转训为穷。以即物而穷其理为格物。其补传曰："《大学》始教，必使学者即凡天下之物，莫不因其已知之理而益穷之，以求至乎其极。至于用力之久，而一旦豁然贯通焉，则众物之表里精粗无不到，而吾心之全体大用无不明矣。此谓物格。此谓知之至也。"后来阳明之说，与朱子根本迥异者：

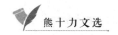

一、致知之知，阳明说为心。易言之，即说为本体，而非知识之知。二、阳明说理即心，与朱子说理在物，又绝不同。三、朱子之说，虽不明言物是离心外在，而似有物属外在之意。阳明说心之所发为意，意之所在（在字，阳明有时用着字。谓意之所着处即是物，与在字义亦近）为物，则物非离心而独在，与朱子又大异。（阳明语录中，明天下无心外之物，其语屡见不一见。盖完成唯心之体系，宏廓而谨严，实有过于朱子。世俗或以简单议阳明，所谓"鹪鹩已翔于玄冥，弋者犹视夫薮泽"也。）如上三议，皆阳明与朱子根本迥异处。故朱子即物穷理之说，为阳明所不取。阳明并依《礼记·大学》篇，定为古本，谓其说致知格物处，并无亡阙，而反对朱子之格物补传。此一争端，实汉以后吾国学术史上最重要之一问题。直至今日，此问题不独未解决，更扩大而为中西学术是否可以融通之问题。阳明说："格者正也。正其不正，以归于正之谓也。正其不正者，去恶之谓也。归于正者，为善之谓也。夫是之谓格。"其言物曰："意之所在便是物。如意在于事亲，即事亲便是一物。乃至意在于视听言动，即视听言动便是一物。所以说无心外之理，无心外之物。"又曰："致吾良知之天理于事事物物，则事事物物皆得其理。"此阳明格物说之大略也。吾于程朱、阳明二派之争，有可注意者。

一、朱子以致知之知为知识。虽不合《大学》本义，却极重视知识。而于魏晋谈玄者扬老庄反知之说，及佛家偏重宗教精神，皆力矫其弊，且下启近世注重科学知识之风。

二、程朱说理在物，故不能不向外寻理。由其道，将有产生科学方法之可能。

上为程朱派所可注意之点。

三、阳明以致知之知为本心，亦即是本体。不独深得《大学》之旨，而实六经宗要所在。中国学术本原，确在乎是。中国哲学由道德实践而证得真体，（证者，证知。此知字义深，非知识之知，乃本心之自证，而无有能知所知等相。真体，犹云宇宙本体。）异乎西洋学者之抟量构画而无实得（无实得者，言其以穷索为务，终不获冥应真理，与之为一也），复与佛氏之毕竟归寂者有殊。且学者诚志乎此学，则可以解脱于形累之中，而获得大生命，通天地万物为一体。今后人类之需要此等哲学，殆知饥渴之于饮食。否则人道熄，而其类将绝矣。

四、阳明说无心外之物是也。而其说格物曰"意在于事亲，即事亲便为一物"云云，其言不能无病。夫以亲，对吾敬事之心而言，亲亦意所在之物也。事之以孝，此孝即是理，亦即是心。阳明之说，未尝不成，而必曰事亲便为一物，则单言亲而不得名以物乎。如此推去，乃以视听言动为物，（见前所引。）而不以声色等境名物，则几于否认物界之存在矣。此非《大易》及群经之旨也。（自本心而言，一切物皆同体。言无心外之物是也。若自发用处说，则心本对物而得名。心显而物与俱显，不可曰唯独有心而无物也。《新唯识论》宜参看。）夫不承有物，即不为科学留地位。此阳明学说之缺点也。

五、朱子说理在物。阳明说心即理。二者若不可融通。其实，心物同体，本无分于内外。但自其发现而言，则一体而势用有异。物似（似者，言非实有外）外现，而为所知。心若（若者，内亦假名故）内在，而为能知。能所皆假立之名，实非截然二物。心固即理，而物亦理之显也。谓物无理乎，则吾心之理何可应合于物。（如孝之理，虽在吾心，而冬温夏清之宜，与所以承欢之道，非全无所征于其亲，而纯任己意孤行也。）谓理非即心乎，则心与理不可判为二也，固甚明。心之义为了别，了别即有条理之义。以心之条理，控御乎物，能符应物之条理而不谬者，则以心物本非截然异体故也。隐诸心，显诸物，完全为一理世界，何在而非此理耶。吾以为理之一问题，阳明见地较朱子为深，而惜其不免遗物。吾欲作量论时详之，今不能细也。

六、阳明以为善去恶言格物，不免偏于道德实践方面，而过于

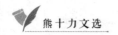

忽视知识，且非《大学》言格物之本义。

上为阳明派所可注意之点。

余以为致知之说，阳明无可易。格物之义，宜酌采朱子。经文自欲明明德于天下者，先治其国，向下逐层推到致知而止。更不曰欲致其知者，先格其物。知者，本体也。反己自识，（《礼记》所云反躬，即谓自识本体。）而加以涵养扩充等工夫，则所谓致者是也。致其知矣，即本体之流行，无有止息。不待言去恶，而恶已无不去。不待言为善，而善已无不为。故阳明以为善去恶言格物，适成赘义。非经旨也。愚谓物者事物。格物者，即物穷理。朱子补传之作，实因经文有缺失而后为之，非以私意妄增也。夫经言致知在格物者，言已致其知矣。不可以识得本体，便耽虚溺寂，而至于绝物，亡缘反照，而归于反知。（不可二字，一气贯下为长句。亡缘者，泯绝外缘也。反照者，《论语》所云默识，庄子所云自见自明，佛氏所云内证皆是也。阳明后学或只求见本体而疏于格物，不复注重知识之锻炼。晚明诸老，如亭林、船山等，病其空疏，亦有以也。）此经之所以结归于在格物也。朱子不悟致知之知是本体，而训为知识。此固其错误。而注重知识之主张，要无可议，但知识本在格物处说，经义极分明。朱子训格物为即物穷理，知识即成立。此则宜采朱子补传，方符经旨。格字训为量度。见《文选·运命论》注引仓颉篇、玉篇及广韵亦云："格，量也，度也。"朱子训格，不知取量度义，而以穷至言之。于字义固失，然即物穷理之意，犹守大义。陆王议朱子支离，此乃别一问题。若就释本经格物而论，则致知之释，不从朱注。而融会其说格物处，自无支离之失。阳明尝曰，"为学须得个头脑"（《传习录》），"致良知是学问大头脑"（答欧阳崇一书）。如不能致良知而言即物穷理，则是徒事知识，而失却头脑，谓之支离可也。今已识得良知本体（良知本体四字，作复词用），而有致之之功，则头脑已得。于是而依本体之明（即良知），去量度事物，悉得其理。则一切知识，即是良知之发用，何至有支离之患哉？良知无知而无不知。（非预储有对于某种事物的知识，曰无知。而一切知识，要依良知得起。若无良知本体，即无明辨作用，如何得有对于事物之经验而成其知识乎？故良知是一切知识之源。所以说为无不知。）如事亲而量度冬温夏清，与晨昏定省之宜，此格物也，即良知之发用也。入科学试验室，而量度物象所起变化，是否合于吾之所设臆，此格物也，即良知之发用也。当暑而量舍裘，当寒而量舍葛，当民权蹂躏而量度革命，当强敌侵陵而量度抵抗，此格物也，皆良知之发用也。总之，以致知立本，（致知即本体呈现，主宰常定。私欲不得乱之，故云立本。）而从事格物，则一切知识莫非良知之妙用。夫何支离之有乎？若未能致知，即未见本体。程子云："百姓（百姓犹言一般人）日用而不知者，正谓此辈。"夫未见本体者，其本体元未尝不在。凡其一切知虑云为，何曾离得本体之发用而别有所取资，但彼梦然不自见本体。易言之，即不能返识自家元是自本自根、自为主宰而兴一切妙用。（即不能返识五字，一气贯下。）竟若机械之动，不自明所以而已，是以谓之日用而不知也。此日用而不知之人，其从事格物，虽成功许多知识，而于自己却茫然。是即逐物而丧其生命。礼经所谓人化物也。陆王悼学者之支离，其寄意深远，岂凡情所测哉？然已致知，已见体者，则其格物也，即此良知之应物现形，随缘作主。（应物现形，借用宗门语。物谓所感，谓良知应感而现形。如事亲则孝，交友则信，此孝与信，即良知之因感现形也。乃至科学上一切辨物析理之知，亦皆良知应感而现作种种知。随缘云云，谓随所缘感，而良知自为主宰，不迷乱也。与现形义通。）是则良知自然之妙用，乃不可遏绝者。故曰致知在格物也。如只言致良知，即存养其虚明之本体，而不务格物，不复扩充本体之明，以开发世谛知识，（世谛，借用佛书名词。谓一切事物，乃世俗所共许为实有，而不可不求其理者。凡缘事物而起之知，可云世谛知识。）则有二氏沦虚溺寂之弊，何可施于天下国家而致修齐治平之功哉。故格物

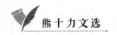

之说，唯朱子实得其旨，断乎不容疑也。古今谈格物者，凡六十余说。要以朱子、阳明为大宗，而朱子义长。

摘自《读经示要》卷一

读经应取之态度（节选）

　　中国之衰，萌于东汉，著于魏晋，极于五季之世。宋儒心性之学，尚有保固中夏之功。而昧者不察耳。云何东汉已伏衰象？西京士大夫，大概浑朴质实，饰伪盗名者殊少见。自东京而始有所谓名士（名士之称，始见《后汉书》），结党标榜，激扬名誉，互相题拂。郭林宗饰行惊俗，浮誉过情。陈仲弓号为重厚，实乃工揣测，藏拙养望，全身远害，乡原之雄也。自余党锢诸公，毫无学养，经世之略，全不讲求，唯矜名使气，招致祸败。其时朝野习俗，奢淫贪污。王符《潜夫论》痛言之。《黄琼传》称外戚竖宦之赃污贪冒，势回天地。《西羌传》称将帅贿赂朝贵，剥削士卒，绝无人理。《左雄传》称天下群牧，以敲剥为务。谓杀害不辜为威风，聚敛整办为贤能。髡钳之戮，生于睚眦。覆尸之祸，成于喜怒。视民如寇仇，税之如豺虎。东汉学风士习，既是虚浮标榜，一切无实，社会政治之败坏，自无可挽救。五胡惨祸，实萌于此。昔人颂美东京，以顾亭林之贤，而犹不考。信乎论世之难也。魏晋之代，惨剧始著。（魏晋名为二朝，而魏本短局，可合而言之。）五胡十六国，蹂躏神州。胡骑所至，人民老幼及壮健者，皆被杀戮。妇女及成年男子，如不被戮者，即掠而驱之为奴，供其淫虐。每一胡帅，有畜奴至三万以上者，最少亦千余。《北史》具在可考。胡人凶顽如鸟兽，士大夫乃相率服事之。起朝仪，立制度，居然中国帝王。当时士大夫岂复成人类耶？胡祸近三百年，至隋文而始定。唐承其业，仅太宗一朝为极盛。安史乱后，藩镇之祸，延及五季。藩镇几皆胡产。胡性贪残，人民受荼毒不堪。自典午至五季，悠悠千祀，

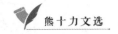

天下困辱于胡尘。周汉以来之风教，扫荡几尽。当东晋时，虽保有南服，而南人亦深染胡习。诸名士食禄昏庸之朝，淫佚放诞，清谈诳世。居然衣冠禽兽，即诸文学名家。阅其作品，辞则丽矣，中无情实。中原沦陷，民生涂炭，谁复念及此者。人心死，人气尽，胥天下而为夷狄鸟兽之归。延及隋唐，仅太宗一朝之盛。何可遽变。至五季，则衰乱已极。履霜坚冰，由来者渐。宋代实承衰运，何云至宋始衰乎？谓宋学不能大挽衰运，吾固相当赞成。（前已谓其不能倡明民族民治等思想。）谓宋学绝无所补于衰运，余又何忍苟同。经胡祸之长久摧残，与佛教之普遍侵入，北宋诸师崛起而上追孔孟，精思力践，特立独行，绍心性之传，察理欲之几，严义利之辨，使人皆有以识人道之尊崇与人生职分之所当尽，而更深切了解吾民族自尧舜以迄孔孟数千年文化之美与道统之重，（余少时从事革命，对宋学道统观念颇不谓然，后来觉其甚有意义。盖一国之学术思想虽极复杂，而不可无一中心。道统不过表示一中心思想而已。此中心思想，可以随时演进，而其根源终不枯竭。）卓然继天立极，而生其自尊自信之心。自知为神明之胄，而有以别于夷狄鸟兽。故宋儒在当时，虽未倡导民族思想，而其学说之影响所及，则民族思想乃不期而自然发生。郑所南、王洙、王船山、顾亭林、吕晚村诸大师，皆宋学而盛弘民族思想者也。（王洙著《宋史质》，以明朝赠皇，直继宋统，与《春秋》不许楚人之王同一用意。楚人本非异种，以其蛮野，故以化外斥之。据考古家言，蒙古与汉族元非异种。但因其侵略中原，不得不斥绝之耳。）宋学功绩之伟大，何可湮没。北宋君臣皆无雄才大略。周程诸儒讲学未久，而大命已倾。（二程门人，便躬逢祸难。）此未可以急效责之也。南宋则赵构昏庸而私，开基太坏。孟子云虽与之天下，不可一朝居，此其时矣。幸而二程门人后学，或参朝列，与权奸力抗；或在野讲学，日以义理浸渍人心。朱子、张钦夫、吕伯恭，尤为圣学与国命所寄托。南宋无明主，而以杭州一隅系二帝三王正朔之传者百五十年，非理学之效而谁之力欤？（学者试平情而察今日人心，如何涣散，如何自私而无公义，如何侥幸倚外人而不自立自爱，如何委靡而无一毫伸张正义之气。今人何故不成为人？安得不于学风士习注意。南宋百五十年，毕竟是自力撑持。今之民易地而处，当何如？）元之覆中原也，则当时蒙古部族之威势，已横行世界。欧洲所过，如狂风扫落叶，至今留黄祸之纪念。而其侵宋，犹苦战累年，至殒一大汗于蜀土。当日宋人之抵抗，可谓不弱。少帝覆于海上不及百年，而鄂之徐寿辉、陈友谅、明玉珍诸帝，首举义旗。明太祖继起，遂光复中夏。（太祖之外祖父，即与宋少帝同舟溺者。身死未几，而其女已为开国之皇太后。光复之速如此。）太祖所赖以定天下者，刘、宋、章、陶四公也。（王船山《读通鉴论》有云："昭代之兴也，刘、宋、章、陶，资之以开一代之治。"按太祖初征四公曰："朕为天下屈四先生，其成功即在此。"）四公者，皆产浙闽理学盛行之地，而服膺程、朱者也。（宋濂读佛书实无得，徒因某僧以术数动之，而佞佛耳。其所服膺者，仍是理学。方正学即承其理学之传，且以辟佛为己任。）方正学逊志斋集，时称说宋时社会风俗之美，外人游记亦然。明朝以三江为根据而光复神州，则因三江之地，南宋理学诸儒遗教所被最广、最深。故光复之功，基于此也。明代疆域，北方视汉唐稍削，而南方则过之。截长补短，差与汉唐比隆。武功仅逊汉武、唐太二帝，而较诸唐世之屡辱于西北诸胡者，则过之远矣。文臣善用兵，尤为明代之特色。（世人多谓熊襄愍公反理学。不知公在辽东，表章贺君，奏云："臣只恶伪理学，若真理学，臣所敬也。公实理学家，岂云反耶？"清乾隆诏曰："明朝不杀熊廷弼，我家不得入关。"公之系民族兴衰者如此其重。而《明史》为东林余孽所修，致公之盛德大业不彰，故附记于此。）理学跨越前代甚远。黄梨洲之言，确尔不诬。明儒对禅宗之了解，比有宋诸师确深。其离禅而卒归之儒也，大抵由归寂而证会生生，其所得甚深。余欲得暇而详论之，却鲜此暇。盖自阳明倡

学南中，承朱子而去其短，宗象山而宏其规，洒脱而无滞碍，雄放而任自然。其后学多有擒生龙搏活虎手段。奇哉伟哉！宋学传至阳明，乃别开生面。当此之时，君昏于上，学盛于下。自是而思想自由，人材众多。以逮晚明诸子，学不囿于一途，行各践其所知。庶几晚周之风可谓盛矣。清儒以考据眼光，轻薄明儒最甚。何损日月之光。适怜其螳臂而已耳。使明季不亡于清，则中夏之隆，当以文化沾被大地。余尝言，明季汉族力量甚盛，本不当亡于东胡。然而竟亡者，则忠君思想误之也。宋学短处，在以忠君为天经地义，不可侵犯。（始于汉。至宋而孙复益张之。）当时张江陵、熊襄愍之雄才大略，如取而代之，或民主，或君宪，（襄愍、江陵，皆有贤嗣，可以继世。）则中国万不至亡，虽百东胡无能为。然而二公不敢革命者，忠君二字阻之也。江陵为一有力之责任内阁，延明祚者数十年，而天下犹恶其无君。襄愍为东胡所畏惮，而东林必致之死。（襄愍狱中与友人书有曰："环顾宇内，实无第二人。弟之命，可遽断乎？"襄愍自知之明，自负之重如此。）夫然后而东胡之必入关也，势不容止矣。王船山《黄书》倡可禅可革之论。盖伤明季之天下，误于忠君，而延颈以待东胡之宰割也。呜呼，此真痛心事也。明季不亡于东胡，吾国家民族决不至此也。夫自东汉至于炎宋，吾族类之衰已久矣。两宋诸儒，始上复孔孟，以心性之学、义理之教，含茹斯民数百年。革鸟兽之习，（去胡俗。）又拔之寂灭之乡。（朱子尝言"人生职分所当尽"。此义广大极矣。惜学者多不深思。而宋学之异出世教者亦在此。）阳明先生益发挥光大，而后吾民之智德力猛进，以启大明之盛，犹春草方滋未已。吾谓宋学有保固中夏之功者正在此。历史事实彰著，其可诬哉。清儒受东胡收买，最薄明朝。今人犹受其迷。明代国力之盛，与学术思想之趋于日新，及人才之奇特，皆汉以后所未有也。唐视之犹远不及，只太宗一世故也。若就思想论，汉人守文而已，犹不如明也。孰谓明朝可薄乎？清儒感东胡之收买，而追憾明之廷杖。又以宋明纯是理学时代，而以考据受羹养者，必反对宋明。吾民族之复反于衰，实自清始。此不可不察也。夫明代之盛，由理学诸师在野讲学之效。本非帝王之力也。然明之诸帝，亦有未可厚非者。此姑不论。明季不幸误于忠君思想而致亡。当时学者甚众，皆窜伏田野，力图革命。最著者，如亭林之赴陕，船山之奔走梧溪、郴州、耒阳、涟邵间，皆欲图大事。至势无可为，则著书以诏后人。使清儒能继续其业，无受东胡收买，以无用之考据取容，则光复之速，必更倍于元季。何至摧残三百年，以成今日之局哉？呜呼，学绝道废，人心死，人气尽，人理亡。国以不振，族类式微。皆清代汉学家之罪也，而可诬诋宋学哉？

宋学约分五期：

一、肇创时期。周子、二程、横渠、尧夫，皆宋学开山。而伊川年事较轻，吸收较广，讲学著书较久，受患难较深，刚大不可屈挠之气，亦感人最深。故为学者所宗。

二、完成时期。朱子生南宋。值理学被禁几绝，独起而弘扬之。北宋诸大师遗书，搜集编订，以授学者。又遍注群经，以及于史。历算等学，无不研寻。地质且有发明，考据之业，实导先路。朱子愿力甚宏，气魄甚大，治学方面颇广。其真诚之心与勇悍之气，可谓与天地同流。朝野奸邪构害虽烈，初不以死生易虑。宋学盖完成于朱子。张钦夫、吕伯恭、陆象山兄弟，则皆与朱子相为羽翼者也。而象山之学，独与朱子有异。

宋学自其初创，以至完成，其最大之功绩，略言之：（一）自魏晋以来，经夷狄与盗贼长期蹂躏，人道灭绝之余。印度佛化，乘机侵略。诸师始表章六经，寻尧舜禹汤以至孔孟之绪，明道统之传，使人知人道之尊严与中夏文化之优越，卓然异与夷狄，吾人知所以自尊自信。故元清以边疆夷俗入主，一则不久而覆，一则完全同化于中原礼义之教。吾人自尊自信之潜力，宋学养之已深也。

（二）六经浩博。汉唐以来经师考据之业，于六经之大道茫

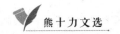

然无所究明。诸师始教人反求之心性，而又特标四子书，以明六经宗趣。于是圣学的然可寻。人皆知心性之学，当实践于人伦日用之地。而耽空溺寂之教，异乎圣道。

三、宋学初变时期。宋、元学者，皆诵法程、朱。明初犹然。及阳明先生崛起，龙场一悟，始以致良知教学者。其学与朱子大异，而与象山较近。是为宋学初变。

程朱之学，历宋、元及明代，传习日久，大抵注重践履，守先师语录甚严，而于本原处无甚透悟。学日益隘，人日习于拘执。故阳明先生发明良知，令人反己，自发其内在无尽宝藏与固有无穷力用，廓然竖穷横遍，纵横自在。庄生所云自本自根，朱子咏塘水诗，所谓为有源头活水来，差可形容。宋学至阳明，真上达矣。（阳明虽发见良知真体，而禅与老虚寂意思究过重。吾《新论》谈本体虽申阳明之旨，而融虚寂于生化刚健之中。矫老释之偏，救阳明之失。于是上追大易，范围天地之化而不过。人生毋陷于迷乱、毋流于颓废，其在斯乎。）

四、宋学再变时期。晚明诸子，值东胡内侵，乃奋起而致力于学术思想之改造。是期之学者，大抵反阳明，而于程朱心性学之根本精神，则确守而益加虔，以矫王学末流狂放之弊。然诸儒皆严毅而不至拘碍，广博而备极深厚，崇高而不失恺弟。（诗云"恺弟君子"，言平易近人。）是其矫枉而无或过正，所以为美。

此期学者甚多，思想派别，亦极复杂。此中不及详。但总举其优点，约有五：

（一）为学尚实测，堪为近世西洋科学方法输入之强援。明世王学，其长处在理性之发达。宋儒受外来佛教精神之震撼，（诸儒虽反佛，甚至昌言驳轮回，而实则皆深受轮回说之影响。其精神生活中，极富宗教气味。）及传统观念过重，（尊孔孟，而过于排斥异端。）故理性受拘束。自阳明指点良知，而后去其障蔽。然王学末流，不免流于凿空。故船山、亭林、习斋诸儒之学，皆注重实用。其为学态度，皆尚经验。言治化得失，必征诸当代实情，而复考历史，以推古今之变。（如船山《读通鉴论》《宋论》等，其政治及社会思想，乃汉唐以来诸儒所不能发。亭林《天下郡国利病书》，皆周流各地参访，而山川险要，每询诸老卒。）穷义理之奥妙，必本诸躬行实践，而力戒逞臆谈玄。（如船山、二曲、习斋皆然。亭林于义理方面，悟解似不足言，但确守程朱遗教，躬行切实。堂堂巍巍，有惇大气象。）诸儒注重实用与实测，乃王学之反响。此等精神，清儒早已丧失净尽。直至清末，始渐发露。而西洋科学方法输入，赖此为之援手。

（二）民族思想之启发。自孔子作《春秋》，昌言民族主义，即内诸夏而外夷狄是也。（夏者，大也。中国人有大人之德。）但其诸夏夷狄之分，确非种界之狭陋观念，而实以文野与礼义之有无为判断标准。凡凶暴的侵略主义者，皆无礼无义，皆谓之夷。故《春秋》之所谓文明者，不唯知识创进而已，必须崇道德而隆礼义。否则谓之野，谓之夷，等诸鸟兽，必严厉诛绝之。（《春秋》大桓文、管仲之功者以此。俟讲《春秋》经时更详之。）此《春秋》之民族思想，所以为正义之准绳。而近世言民族思想者，皆狭陋之种界观念，为兽性之遗传，乃正义之敌，太平之障。正《春秋》之所必诛也。汉人治《春秋》，皆不明孔子之民族思想。唯晋世江统，著徙戎之论，稍识此意。而当时朝野无识，不知人禽大辨。卒酿五胡之祸。自是而士大夫之降于夷狄鸟兽者，乃至尊之如天，亲之为父。至魏收作史，反诋江左正朔为岛夷，直是粪蛆不若。唐太宗虽得统于北，而不忍于收之所为，命李寿正其邪迷。则太宗犹知《春秋》大义矣。而经儒卒无能发明者，岂不异哉。孙复亲见五季群胡干天位，而鱼肉夏民，乃唱尊君邪说。胡安国犹踵其谬也。自是而夷祸乃益烈。非思想错误，中夏何遽至是哉？明季诸子始盛扬民族思想。在其前者，虽有郑所南《心史》、王洙《宋史质》，而均无人注意。及至王船山、吕晚村、顾亭林诸儒，则发挥

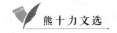

光大。千载久闷之义，一旦赫然如日中天。晚村在当时，宣传最力。（晚村学宗程、朱，而深惜程、朱未明此义，愿救其失云。）船山著书极多，深愤中夏圣作明述而成为崇高之文化，乃人道之极隆，不幸为夷狄鸟兽所残毁。（深愤至此为句。）其书字字句句，皆悲心流露。（世人徒知《黄书》。其实，船山各书，随在可见其民族思想之活跃。）直至咸同间，始由曾涤生刊行，而影响于清末之革命思想盖甚大云。亭林之言，见于《日知录》。清人刊行此书时，悉删削其关于民族思想之议论。今人发现原稿，而已不全矣。（是时提倡民族主义者极多，但其人与书多不传。此可惜也。如吾乡明季有易明甫、何士云诸先生。皆以诸生倡大义于闾里，为汉奸于成龙所戮。戴震文集有于传，乃盛美于。）先儒之民族思想，皆为尊人道，贱兽行，伸正义，抑侵略，进和平，除暴乱，决非怀争心而与异种人为敌也。此《春秋》之大义也。

（三）民治思想之启发。船山《读通鉴论·晋论》有云："有圣人起，预定弈世之规，置天子于有无之外，以虚静统天下。"详此所云，明是虚君共和制。其曰预定弈世之规，则主张制定宪法甚明。惜乎清末学人太陋，少有能读船山书者。（康有为曾言："船山精矣，而艰深太过。"有为以文人而治考据之业，于理解深沉之书，大概不耐读。当时章太炎有奉衍圣公而行君宪之议。世莫之省。太炎聊以发愤，亦非实主是议者。其实如行虚君共和，或较好，亦未可知。）船山《读通鉴论》有云："封德彝曰，三代以还，人渐浇伪。此谬论也。象、鲧、共、飞廉、恶来，岂秦汉以下之民乎。民固不乏败类，而视唐虞三代，帝王初兴，政教未孚之日，其愈多矣。邵子分古今为道德功力之四会。帝王何促，而霸统何长。（邵子以帝王为道德之世，霸统唯尚功力，世每下愈况。）霸之后，又将奚若耶。泥古过高，而菲薄方今，以蔑生人之性。君子奚取焉？"据此，则船山实持进化论者。汉唐诸儒都无此见解。船山之民治思想，与其进化论实相关。大凡专政者，必以为人民不足进取，而因以总揽权力，恣一己之所欲为，以取覆败而不惜。若深信斯民之智德力无不日进者，则岂敢玩天下于股掌之上，以朽索驭六马，而自蹈覆辙哉？向者袁世凯欲叛共和，其文告与机关报纸，日以国民程度不足为言。卒至身与国，俱蒙其祸。此亦执政者之殷鉴矣。顾亭林之民治思想，足与船山互相发明。《日知录》周室班爵禄条云："为民而立之君。故班爵之意，天子与公侯伯子男，一也，而非绝世之贵。代耕而赋之禄。故班禄之意，君卿大夫士与庶人在官，一也，而非无事之食。是故知天子一位之义，则不敢肆于民上以自尊。知禄以代耕之义，则不敢厚取于民以自奉。"详此，则皇帝之职与俸，与民主国之总统正无异。又顾命条云："传贤之世，天下可以无君。"又乡亭之职条云："《周礼》地官，自州长以下，有党正、族师、闾胥、比长。自县长以下，有鄙师、酂长、里宰、邻长。"夫唯于一乡之中，官之备而法之详。然后天下之治，若网之在纲，有条而不紊。至于今日，一切荡然，无有存者。且守令之不足任也，而多设之监司。监司之又不足任也，而重立之牧伯。积尊累重，以居乎其上，而下无与分其职者。虽得公廉勤干之吏，犹不能以为治，而况托之非人者乎？柳宗元之言曰："有里胥而后有县大夫，有县大夫而后有诸侯，有诸侯而后有方伯连帅，有方伯连帅而后有天子。"由此论之，则天下之治，始于里胥，终于天子。其灼然者矣。按今之言治者，辄曰中人主张治起于上，西人主张治起于下。其言中国者，徒知秦汉以后之事耳。《周官》之地方制度，与管仲之治齐，蒍敖之治楚，子产之治郑，孰非主张治起于下者乎。柳宗元能识古之治道。唐以来儒生皆不识宗元意，唯亭林能发之。古者五家为伍，伍长主之；二伍为什，什长主之；十什为里，里魁主之。亭林言治，始于里胥。里胥者，群众公推之头目也。土豪劣绅，非群众所与，必不得为里胥。而后世贪官污吏，往往结纳豪劣，以当里胥之任，而失群众。如是者，其国无治，而危亡至矣。民治毕竟非可貌袭。必人民之智德力足以自

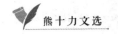

动自立，而后里胥之选，不操于贪污之官，乃真民治也。此非可以骤立之法而期其然。杜元凯左宣十二年传解云："法行则人从法，法败则法从人。"民国三十余年来，皆法从人也。然则欲法之行，究非执政者能自守法不可。欲执政守法，非举世知识分子有品德、有真知见、能持清议、能奋起对抗，则执政必无所忌惮也。亭林、船山同注重学风士习，此实民治根源也。中国而欲转危为安也，王顾诸儒之学，其可不急讲乎。黄梨洲《明夷待访录》亦言民治。颜习斋四存之论，尤为民治本根。

（四）此期哲学，仍继续程、朱以来之反佛教精神，而依据《大易》重新建立中国人之宇宙观与人生观。奏此肤功者，厥惟王船山。余昔与人书有云："船山易内外传，宗主横渠，而和会于濂溪、伊川、朱子之间，独不满于邵氏。其学，尊生以箴寂灭，（《易》为五经之源。汉人已言之。而易学不妨名之为生命哲学。特其义旨广远深微，包罗万有。非西洋谈生命者所可比拟。）明有以反空无，（横渠云，《大易》言幽明不言有无。显而可见者谓之明，隐而不可目见者谓之幽。"船山以为，宇宙皆实也，皆有也，不可说空说无。其于佛老空无二词之本义，虽不免误会，然以救末流耽空之弊，则为功不浅。船山曾研佛家有宗，盖亦融有义以言《易》。）主动以起颓废，（此则救宋明儒末流之弊，与习斋同一用意。但习斋理解远不逮船山。）率性以一情欲。（船山不主张绝欲或遏欲，而主张以性帅情，使情从性，则欲无邪妄，而情欲与性为一矣。此与程朱本旨并不背。可惜戴震不识性，而妄奖欲。）论益恢宏，浸与西洋思想接近矣。此所举四义，实已概括船山哲学思想。学者欲研船山学，不可不知此纲要。自清末梁任公以来，时有谈船山者，大抵就涉猎所及，而摘其若干辞义，有合于稗贩得来之新名词或新观念者，以赞扬之，至于船山之根本精神，与其思想之体系及根据，则莫有过问者。今人谈旧学，无一不出此方式，而欲学无绝道无丧得乎。呜呼，吾老矣。眼见此局，不知所底。余之言，将为世人所侮笑。吾固明知之，而弗忍无言也。吾有惧也。吾有痛也。中国人经三百年汉学风气，斲丧性灵。生命力空虚，已至极度。倚赖外人之劣性，与贪淫、忍酷、骗诈、萎靡等恶习，及思想界之浮浅混乱现象，皆由生活力太贫乏故也。船山哲学，实为振起沉疴之良药。遗书具在，学者凝心读之，而得其深广之思，感其浓厚之悲，有不愤发为人者乎。吾终不敢薄今之人。吾信人生总是向上。譬如行者前进，或时失道迂回，终亦必前而已矣。（今人读书为学，只是广闻见、找知识。以此博污俗浮名。如此，何能进学，何得成人？即读尽古圣贤书，亦感发不起。本讲首言立志、责志。此实程朱陆王相传血脉也。世不乏志士，幸垂察焉。）

［附识］船山《易内外传》确甚重要。吾所举四义，（即生、动、有与情一于性四大基本观念。此吾综其全书而言之也。）学者深玩之，可见其大无不包，足为现代人生指一正当路向。但船山于本原处，不能无误。其言乾坤并建，盖未达体用不二之旨，遂有此失。坤元亦是乾元，非并立也。乾之不能无坤者，特故反之，以成其变耳。本体固绝待，而其现起为大用，则不能不有一反动以成变化。老云反者道之动是也。学者细玩《新唯识论》翕辟之义，便知船山有未透在。船山未见本体，盖由反对阳明与佛老之成见误之也。船山读佛书似不多，虽曾究有宗，（即相宗。）想未得全解也。船山主张率性以一情欲，自甚谛。然反对阳明，而不悟心即性，则工夫似无入处。由阳明之说，本心即是性，非心之外别有性也。故自识本心，存养勿失。凡生心动念处，皆是顺吾本心之明，一直扩充去。即一切情欲，皆受裁于心，而莫不当理。易言之，即情欲莫非性之发。以无妄情邪欲相干故也。是则情欲一于性，而非有善恶之二元明矣。然若不承认心即

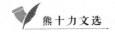

性，则率性工夫从何入手？夫性既不即是心，则性便超脱于心之上。何得裁制情欲，而使之当理乎。譬如主人不能裁制奴仆，则奴仆叛主而逞其妄。即不得以奴仆之动作为主人之动作也。性不知节其情，而谓情与性为一可乎？阳明彻悟本体，故将心与性、理、天、命、道等名词，均说成一片，（覆看第一讲释《大学》处。余虽颇有推演，而大体实本阳明。）扫尽因名词而起之种种支离见解。（戴震《原善》及《孟子字义疏证》纯是葛藤。若肯虚怀细究阳明之旨，决不作雾自迷。）而名词之所以不得不异，阳明亦疏抉明白。此其扶翼六经之功，极不可忘。船山将性与天、命、道等，皆妄分层级。而心不即是性，则心性又分层级，又以理为气之理，不即是心，几成唯物论。（凡此，具详《读四书大全说》《易传》等书，亦皆本此旨。余作《新唯识论》即欲救其失。若夫生与有等四大基本观念，余与船山未尝异也。）船山全书关于哲学思想者，自以《易内外传》《读四书大全说》为最重要。而其他各书，无一不当参究。关于社会及政治思想者，自以《读通鉴论》《宋论》为最重要。而其余无一可忽，又不待言。庄子注，于治理推究甚精。①凡枭桀之壹意狂逞，以宰万物，而不惜自毙以祸天下者，船山此书发挥尤多。《读四书大全说》，体大思深，精义络绎。其于程朱后学种种迂拘之见，多所弹正。每令读者腐气一涤，新意顿生。独惜其根本未澈，（谓不见本体。）不免又添出许多葛藤。此书谈心地工夫，于矫正阳明后学之误及狂禅之病，未尝无当。然以攻阳明却是错误。其言存养诸义，又似于本体

---

① 这里所说《易内外传》《易传》，系指王船山《周易外传》《周易内传》。所说庄子注，系指王船山《庄子解》。

上，欲有所增益。意在反阳明，而实自误也。船山书，学者不可不深研。然于六经、四子、老庄以及程朱、陆王、佛学，若无相当功力者，又未易深研也。管子不云乎，"思之，思之，又重思之，鬼神将通之"，是在学者勿以粗心浮气承之而已。

（五）考据学兴，而大体归于求实用。朱子本留意考据。其后学若黄震、许谦、金履祥、王应麟，皆考核甚精，足以致用。履祥尤奇特，凡天文、地形、礼乐、田乘、兵谋、阴阳、律历之书，靡不毕究。时国势阽危，任事者束手无措。履祥独进奇策，请以舟师由海道直趋燕蓟，俾持虚牵制，以解襄樊之围。其叙洋岛险易，历历有据。时不能用，宋遂亡。宋儒考据之业，重在实用。后来宋濂、刘基诸公，克承其绪，用成光复之功。及阳明学昌，学者多以考据工夫为支离破碎，而不甚注重。末流空疏，不周世用。于是晚明诸子，复寻朱子之绪而盛弘之，考据学遂大行。亭林、太冲，尤为一代学者宗匠。太冲尝病当时讲学家立学社，（当时学社，即以学术团体而兼有政治之结合者。）欲有所提倡，而本领皆太小，不能收实效。（清末以来，由维新以迄学生运动，及各种提倡，皆苦于领导者本领不足，都无善果。）故其为学务博通，而未尝不归于切实有用。亭林尤朴厚，其学之方面极广，而所成就皆极伟。然主要者在政治哲学。《日知录》一书，即发表其政治哲学者也。是书外表为一考据家之笔记，而内容博大深远，乃其政治思想之所寄，为极有体系之著作。如教化根原、学风士习污隆、社会习俗好坏、法纪度制得失、食货蕃耗，乃至河渠道路兴废，皆征诸当世。而上下古今，以推其变。根本主张，厥惟民治。故于地方政制，考证极详。废君权而行民主，亭林确有此意。（已见前文。）比太冲《原君》，尤明白彰著。其志隐，其辞微，盖多有未便详阐者。其与友人书曰："所著《日知录》三十余卷本，平生之志与业，皆在

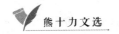

其中。"惟多写数本，以贻之同好，庶不为恶其害己者之所去。而有王者起，得以酌取焉。可以知其书之重要。《日知录》创刻于清康熙乙亥。其甥徐乾学等，以汉奸贵显于东胡。竟不敢刻。门人潘耒，始与年友汪悔斋刻之。则凡关于民治、民族等思想者，其所削除必多。现行《日知录》盖非亭林原稿也。亭林治学精神，老而弥厉。其与人书有曰："某自五十以后，笃志经史。其于音学，深有所得。今为五书，以续《三百篇》以来久绝之传。"（亭林少壮时皆奔走国事。故专力经史，在五十以后。）今人二十便欲成名，三十、四十便名流自居，而难言向学。此世所以衰也。亭林之从事考据，志在实用。潘耒序《日知录》曰："潜心古学，九经诸史略能背诵，尤留心当世之故。实录奏报，手自钞节。经世要务，一一讲求。当明末年，奋欲有所自树。而迄不得试。然忧天悯人之志，未尝少衰。事关民生国命者。必穷源溯本，讨论其所以然。足迹半天下，所至交其贤豪长者，考其山川风俗、疾苦利病，如指诸掌。"详此，则亭林治学，确是以先圣哲精神，而兼具西洋科学家之态度者。清人迄今士子，好为琐碎无聊之考索，不知果何所谓。亭林勤于考察，尤可爱慕。其金石文字记序云："余自少时，即好访求古人金石之文。比二十年间，周游天下。所至名山巨镇，祠庙伽蓝之迹，无不寻求。登危峰，探窈壑，扪落石，履荒榛，伐颓垣，畚朽壤。其可读者，必手自钞录。得一文为前人所未见者，辄喜而不寐。"此与汉唐儒生专守书册之风，固已大异。余以为考据之学，必若亭林，而后无愧于斯业。晚明之世，精考据者固多，船山此种工夫甚深，不待言。自余亦无须详述。

综上所举五项，可见晚明诸子学之概要。船山哲学思想，虽宗横渠，而于周子、二程、晦翁，均服膺甚至。亭林自序下学指南有云："有能绎朱子之言，以达夫圣人下学之旨。则此一篇者，其硕果之犹存也。"又祭朱子文曰："两汉而下，虽多抱残守缺之人，六经所传，未有继往开来之哲。惟绝学首明于伊洛，而微言大阐于考亭。不徒羽翼圣功，亦乃发挥王道，启百世之先觉，集诸儒之大成。"又与人书有曰："昔之说《易》者，无虑数千百家。如仆之孤陋，而所见及写录唐宋人之书，亦有数十家。有明之人之书不与焉。然未见有过于《程传》者。"亭林于本原之学，确守程朱。其自立卓然，有以也。颜习斋虽诋及宋儒，不过攻其末流之弊而已。《四存》之论，其有一语一义，不源出程朱者哉？黄太冲受学蕺山，本阳明嫡嗣。（太冲所学方面极多，著述亦最富。振阳明之绪者，赖有斯人。）李二曲之学，亦宗阳明，而救其后学之失。以上所举，于晚明诸子中，最为大师。而无一非宗主宋学者。此外，宏博之儒，奇节之士，（全谢山集中所载甚多，然犹限于江浙一隅耳。）盖不可胜数。要皆宋学之所熏陶，无须具论。余故以晚明为宋学再变时代。盖纪实也。（皮锡瑞《经学历史》以晚明王顾黄诸儒，为汉宋兼采之派。甚谬。宋学中自有考据一门，不曾依托汉学。当时本无汉学之名也。）宋学自阳明初变，而心性学始上探孔孟之微。程朱派以阳明为禅，适得其反。禅家言心即是性，本有合于孔孟者。汉以来经师皆不悟心性之旨，守文而已。程朱始究心性，而所见犹未的当。至陆王乃澈悟。世儒不知禅之有合于儒，而疑陆王袭禅法，岂不诬哉？此中不及详论，须另为文言之。宋学至阳明，确为极大进步。及末流空疏，而晚明诸子，又复再变。于是思想自由，更注重实用。民治论出，则数千年帝制将倾。民族义明，而文化优崇之族类，方得独立自由。历算地理诸学，是时讲者亦众，科学已萌芽焉。诸子虽皆反阳明，然实受阳明之孕育而不自知耳。明世如无阳明学，则吾人之理性，犹不得解放。而诸子之学术思想，又何从产生乎？诸子当神州沦陷，东胡入主之日，冒百艰，拼万死，潜谋光复。大功未集，乃从事学术思想之改造，期于唤起群众。此等伟大精神，真足挥落日、转大地。使清世儒生能继诸子之志与业，中国何至有今日哉。宋学经一再变，始有上复晚周之机。由今而论，中西文化融通，亦于晚明之新宋学可见其端。余

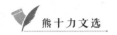

每以晚明为汉以后学术史上最光辉时代，倘亦有识所公认也。

五、宋学衰落时期。晚明新宋学渐启生机，而东胡谋所以摧之。乃利用汉奸，行收买政策，以网罗天下士子，而束其思想于无用之考据。阎若璩、胡渭之徒，首被宠眷。若璩以康熙元年游燕京，投降臣龚鼎孳，为之延誉。后雍正甚宠之，胡渭游徐乾学之门颇久。康熙南巡，渭献平成颂，无耻至极。徐乾学为东胡效用，网罗诸名士，罪不下于李光地辈。亭林固莫如之何。尝戒潘次耕勿主其家云："彼之官弥贵，客弥多，便佞者留，刚方者去。今且欲延一二学问之士，以盖其群丑。不知薰莸不同器而藏也。"又与杨雪臣书曰："惟念昔岁孤生，飘摇风雨。今兹亲串，崛起云霄。思归尼父之辕，恐近伯鸾之灶。"可见其心之苦。自群奸效顺，而天下皆知清廷意向所在，始相率俯首就范，不敢运其耳目心思之力于所当用之地。而王、顾、黄诸大儒之学术思想，遂乃相戒而不敢过问。久之习非成是，则且以其业为时主之所奖，王公疆帅牧令之所尚。（两宋常有道学之禁。明世王学亦常受禁。独清代汉学，始终为官僚所拥护。）乃忘其为一技之长，竟以学术自负，而上托汉氏，标帜汉学。天下之蔽聪塞明，而同出于此一途者三百年。今当吸收西洋科学之际，而固有哲学思想，正须研讨发挥，以识古人之大体，见中外之异同，（辨其异而观其同，而后可得中外融通之道。）求当世之急务，勉言行之相顾，（昔儒务实学，故坐而言，可以起而行。今人腾诸洋装册子，或报章杂志者，皆浮词滥调，不可见之行者也。）示人生以归趣。（今人只是权利与浮名及淫乐诸下等欲望发展，完全无人生之意义与价值可言。其所以如此者，正由其不识人生真性。故无所归趣，只任下等冲动，向外奔逐去。）学者之所应致力者何限，而上庠文科，教者、学者，乃多以琐碎而无关大义之考据是务。岂不惜哉？历史之学，《春秋经》之枝流余裔也。治史必究大义。本天化以征人事，鉴既往以策方来，其义宏远。若专考琐碎事件，何成史学？如因一胡人传之文理欠顺，但疑此胡人为李唐之祖。又或以大禹为虫。若斯之类，已足慨叹……依他人花样，而剪裁吾之史料铺陈之，何可究吾之真，就治史者言之已如是。余治经、治子、治集部者，都无有体究义理，只喜作琐碎考证。或缘时下流行之肤杂思想，而张设若干条目，遂割裂古人书中文句，以分述之。如某观念也，某论或某说也。如此方式，列有多目，皇皇大文，公之于世，鲜不赞美。以此为学，求其有得于心，有验于身，有用于世，可成为人。吾不敢信，吾不忍言。呜呼！国难深矣，民命危矣。士大夫不为实学，将复如何？吾痛心考据之流风，非有私也。孔子曰："古之学者为己。"程子曰："学要鞭辟近里切着己。"此是定论。学不反己，何成学问？清世考据家将反己一路，堵塞尽矣。今犹不反诸。汉学之焰，至今盛张，（托于科学方法及考古学。）毒亦弥甚。全国各大学，文科学子，大抵趋重此途。高深理解，断绝其路。夫人必有高深之理解，方得发生真理之爱，而努力以图真理之实现于己。宋学诸大师所以远绍孔孟者，即此精神。今人只务浮杂知识，不求深远之智慧。本实拨，而枝叶有不憔悴者乎？或谓，高深理解，不可期之人人。即有造于此者，不过个人自行而已，于社会何益？殊不知，社会之各层，皆互相影响。故大哲人之精神，一般人皆能有所感受。若尧、舜、禹、汤、文、周、孔子，以及程、朱、陆、王、船山、亭林之在中国，其精神永远普遍贯注于一般人。尽未来际，无有断绝。德国之有康德、菲希特、黑格尔、歌德诸公，亦何莫不然。余尝言，凡为学术思想之领导者，其自造若达乎甚高甚深之境，则其影响之及于人群者，必大且善。如自造者太低太浅，则其影响之及于人群者，必浮乱恶劣。若群众习于浮乱日甚，将至不辨领导者之好坏，而唯宜于恶势蔓延。如是者其群危。吾国自清世汉学家，便打倒高深学术。至今犹不改此度，愚且殆哉。又自清儒以来，实用本领，全不讲求。迄今愈偷愈陋。中国哲学注重经世，所谓内圣外王是也。今各大学文科学子，稍读西洋哲学书，便只玩空理论，不知自

求真理。武侯曰："我心如秤，不能与物低昂。"今人却失去自己之秤，而作稗贩事业。又且以找题材、作论文为务。将先圣哲精神，丧失殆尽。余以为，哲学界固应有能创作及能继述之大儒，以著述为终生大业者，而亦应有大多数哲人，能本其对于宇宙人生之深切了解，而发为经国济民之事功。此必于实用知识加意讲求，而后能之。近世若罗、胡、曾、左诸公在咸同间能为军政领导，固皆有哲学素养者也。前代更不必论。今日治哲学及文学者，如能以向外浮慕之心，为反求自得之功，毋轻易写作，毋标榜自贱，毋喧腾报章，宝爱精力，探微穷玄而外，必殚究实用之学，随其能之所堪，求有效于世，庶不愧为人，不负所学。今上庠文哲诸生，辄忧卒业后不易得饭吃。其实，哲学文学之徒，当为人群谋温饱，而乃以一己饭碗是忧，则大学教育可知已。长兹以往，如何而可？夫科学毕竟是各种专科知识之学。至于穷极万化大源，须有超知之诣。辅相人群治道，尤资通识之材。（哲学之异乎科学者，在乎能求通识，而不限于某一部分知识也。故可以综万事而达于治理。）今之大学教育，科学方面成绩果如何，吾不敢知。若文科，除考据工夫而外，其未曾注意研实学、养真才，则众目共睹，非余敢妄诬也。（此中实学一词，约言以二。一、指经世有用之学言。二、心性之学，为人极之所由立，尤为实学之大者。为此学而不实者，是其人之不实，而伪托于此学耳。）清代汉学之污习不除，而欲实学兴、真才出，断无是事。此余之所忧也。

原载《读经示要》卷二

复性书院开讲示诸生

吾以主讲马先生之约，承乏特设讲座，得与诸生相聚于一堂，不胜欣幸。今开讲伊始，吾与诸生不能无一言。唯所欲言者，决非高远新奇之论，更不忍为空泛顺俗之词，只求切近于诸生日用工夫而已。朱子伊川像赞曰："布帛之言，菽粟之味，知德者希，孰知其贵？"愿诸生勿忽视切近而不加察也。

书院名称虽仍往昔，然今之为此，既不隶属现行学制系统之内，亦决不沿袭前世遗规。论其性质，自是研究高深学术的团体。易言之，即扼重在哲学思想与文史等方面之研究。吾国年来谈教育者，多注重科学与技术而轻视文哲，此实未免偏见。就学术与知识言，科学无论发展至若何程度，要是分观宇宙，而得到许多部分的知识。至于推显至隐，穷万物之本，彻万化之原，综贯散殊，而冥极大全者，则非科学所能及。世有尊科学万能而意哲学可废者，此亦肤浅之见耳。哲学毕竟是一切学问之归墟，评判一切知识，而复为一切知识之总汇。佛家所谓一切智智，吾可借其语以称哲学。若无哲学，则知不冥其极，理不究其至，学不由其统，奚其可哉？故就学术言，不容轻视哲学，此事甚明。次就吾人生活言。哲学者所以研穷宇宙人生根本问题，能启发吾人高深的理想。须知高深的理想即道德。从澈悟方面言之，则曰理想；从其冥契真理、在现实生活中而无所沦溺言之，则曰道德。阳明所谓"知之真切笃实处即是行，行之明觉精察处即是知"，亦此意也。吾人必真有哲学的陶养，（注意一"真"字。）有高远深微的理想，会万有而识其原，穷万变而得其则。极天下之至繁至杂，而不惮于求通也。极天

127

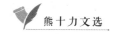

下之至幽至玄，而不厌于研几也。极天下之至常至变，而不倦于审量也。智深以沉，思睿曰圣。不囿于肤浅，（学之蔽，真理之不明，皆由人自安于肤浅故也。肤浅者不能穷大，不能通微。其智力既浮薄，即生活力不充实。智短者，于真是真非缺乏判断。生活力贫乏者，必徇欲而无以自持，则一切之恶自此生矣。故人之恶出于肤浅，易言之，即出于无真知。）不堕于卑近。（沉溺于现实生活中，纵欲殉物而人理绝，卑近者如是。）以知养恬，（恬者，胸怀淡泊，无物为累。此必有真知，而后足以涵养此恬淡之德也。无知者，则盲以逐物。而胸次无旷远之致，是物化也。此与庄子"以恬养知"义别。）其神凝而不乱。（恬故，精神凝聚而不散乱也。）故其生活力日益充实而不自知，孟子所谓"养浩然之气"者是也。哲学不是空想的学问，不是徒逞理论的学问，而是生活的学问。其为切要而不容轻视，何待论耶？又次就社会政治言。哲学者，非不切人事之学也。孔子曰"道不远人"，人之为道而远人，不可以为道。孰有哲学而远于人事，可谓之学哉？人者不能离社会而存，不能离政治而生。从来哲学家无不于社会政治有其卓越的眼光、深远的理想。每一时代的大哲学家，其精神与思想，恒足以感发其同时与异世之群众，使之变动光明。此在中外史实，皆可征也。或谓自科学脱离哲学以后，关于社会与政治方面的发见，亦是科学家所有事，何必归之哲学。此说似是而实非。哲学、科学本息息相关，而要自各有其领域。如形而上学，则科学所不及过问是也。即在所研究之对象无所不同者，易言之，即无领域之异者，如对于社会政治诸问题。而哲学与科学于此，仍自各有其面目。夫综事察变，固科学所擅长也。哲学则不唯有综事察变之长，而常富于改造的理想。故科学的理论恒是根据测验的，哲学的理论往往出于其一种特别的眼光。哲学与科学相需为用，不当于二者间有入主出奴之见，更属显然。上来略说三义，可见哲学思想不容忽视。至于文学与历史诸学，在今日各大学属诸文科之范围，而为究新文化者所必探讨。今兹书院之设，本为研究哲学与文史诸学之机关，但研究的旨趣自当以本国学术思想为基本，而尤贵吸收西洋学术思想，以为自己改造与发挥之资。主讲草定书院简章，以六艺为宗主，其于印度及西洋诸学亦任学者自由参究。大通而不虞其睽，至约而必资于博，辨异而必归诸同，知类而必由其统。道之所以行，学之所以成，德之所由立也。诸生来学于此，可不勉乎？综前所说，则书院为何种研究机关，既已言之甚明。来学者当知所负之使命也。至书院地位，则相当于各大学研究所。而其不隶属于现行学制系统之内者，此有二意：一欲保存过去民间自由研学之风。二则鉴于现行学校制度之弊。（如师生关系之不良与学生身心陶养之缺乏，及分系与设立课目并所用教材之庞杂。其弊多端，难以详举。至于教育宗旨之不一，学风之未能养成，思想界之不能造成中心思想，尤为吾国现时严重问题。）颇欲依古准今，而为一种新制度之试验。书院虽袭用旧称，而其组织与规制，实非有所泥守于古。书院地位虽准各大学研究院，而亦不必采用时制。总之，书院开创伊始，在主讲与吾等意思，亦不欲专凭理想以制定一切规章，唯欲随时酌度事宜，以为之制。如佛家制戒，初非任一己一时理想以创立戒条，强人就范也。唯因群弟子聚处而随其事实，因机立戒，久之乃成为有统系的条文。故其戒条颇适群机，行之可久也。书院创制立法，亦当如是。今后教者（通指主讲与诸教职员）、学者（肄业生及参学人）俱各留心于学业及事务各方面之得失利弊等等情形，随时建议，毋或疏虞，庶几吾人理想之新制度，将有善美可期矣！外间于书院肇创之际，多不明了，或疑此制终不可行。主讲与吾等时存竞业，亦望诸生厚自爱，期有所树立。岂惟书院新制得以完成，不负创议与筹备诸公之盛心，而发扬学术、作育人才，保固吾国家民族以化被全人类者，皆于是乎造端矣。诸生勉旃。

昔人有言，士先器识而后文艺。（古者"文"字、"艺"字，并谓一切学术，如六籍乃备明天道、治法、物理之书，而号曰

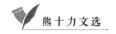

六艺，又曰六艺之文是也。汉以后，始以词章名文艺。其意义始狭，非古也。今谓宜从古义。）今学校教育，但令学子讲习一切学术。易言之，即唯重知识技能而已。（知识技能一词，以下省称知能。）至于知能所从出与知能所以善其用者，则存乎其人之器识。器识不具，则虽命之求知能，其知能终不得尽量发展。必有其器与识，而后知能日进，如本固而枝叶茂也。抑必器识甚优，始能善用其知能，不至以知能为济私之具也。苟轻器识，而唯知能是务，欲学者尽其知能以效于世。此必不可得也。今之弊在是，奈何其不察耶？夫器识者何？能受而不匮之谓器，知本而不蔽之谓识。器识非二也，特分两方面以形容之耳。以受则谓之器，以知则谓之识也。器识之义，最为难言，今略明之。先难后获者，器也，识也；欲不劳而获者，非器也，无识也。可大受而不可小知者，器也，识也；可小知而不可大受者，非器也，无识也。毋欲速，毋见小利者，器也，识也；欲速不达，见小利则大事不成者，非器也，无识也。颜子以能问于不能，以多问于寡，有若无，实若虚，犯而不校者，器也，识也；反是者，非器也，无识也。（虑己以容物，故犯而不校。此言君子宅心之广、蓄德之宏，乃就私德言也，非就国家思想言也。或有误解此者，以谓国土受侵，不与敌校，便逾论轨。）敏而好学，不耻下问者，器也，识也；反是者，非器也，无识也。志于道，据于德，依于仁，游于艺者，器也，识也。（艺谓一切知识技能之学。）亡其道德与仁而唯艺之务者，非器也，无识也。行有余力则以学文者，器也，识也。（此中"文"字，同上"艺"字解。）驰逐于文而不务力行者，非器也，无识也。过则勿惮改，人告之以有过则喜，闻善言则拜者，器也，识也。文过遂非，拒谏而绝善道者，非器也，无识也。尊德性而道问学者，器也，识也。只知问学而不务全其德性，则失其所以为人，非器也，无识也。见贤思齐焉，见不贤而内自省也，器也，识也。妒贤忌能，见恶人而不知自反，或攻人之恶而不内省己之同其恶否，此为下流之归，非器也，无识也。人一己十，人十己百，人百己千，器也，识也。自暴自弃者，非器也，无识也。或生而知之，或学而知之，或困而知之，及其知之一也；或安而行之，或利而行之，或勉强而行之，及其成功一也：器也，识也。甘于不知而不肯困以求通，怠于行而不务勉强以修业，非器也，无识也。任重道远，器也，识也；无所堪任，非器也，无识也。己立立人，己达达人，器也，识也；独善而无以及物，非器也，无识也。士志于道而耻恶衣恶食者，未足与议也。此有器识与无器识之辨也。夫器识有无，其征万端，不可胜穷也。然即前所述者一字一句，反而验之身心之间、日用之际，则将发见自己一无器识可言，而愧怍惶惧，自知不比于人类矣。昔王船山先生内省而惭曰："吾之一发，天所不覆，地所不载。"其忏悔而无以自容，至于若此之迫且切也。我辈堕落而不自知罪，岂非全无器识之故耶？夫器识，禀之自天而充之于学。人不学，则虽有天禀，而习染害之。故夫人之无器识者，非本无也，直蔽于后起之污习耳。扩充器识，必资义理之学，涵养德性而始能。主讲以义理为宗，吾夙同符。诸生必真志乎此学，始有以充其器识。器识充而大，则一切知识技能皆从德性发用。器识如模，知能如填彩；模不具，则彩不堪施。诸生顾可逐末而亡本乎？

学者进德修业，莫要于亲师。师严而后道尊，师道立则善人多，旧训不可易也。学校兴而师生义废，教授与诸生精神不相通贯，意念不相融洽。其上下讲台，如涂之人相遇而已。夫学者之于理道，非可从他受也，唯在自得之耳。其自得之者，亦非可持以授人，理道不是一件物事故也。然则为学者，何贵于有师耶？师之所益于弟子者，则本于其所自得者而随机引发弟子，使之有以自得焉。弟子所赖于其师者，方其未至于自得，则必待师之有所引发焉。唯然，故师与弟子必精神、意念相融通，而后有引发之可能。若夫神不相属，意不相注，则如两石相击，欲其引发智虑而悟入理道，天下宁有是事耶？故弟子必知亲师而后可为学。且人之所以为

人也，亲生之而师成之。成之之恩，与生均矣。在三之义，古有明训，而忍不相亲耶？虽然，语乎成，又当有辨。非寻常知识技能之相益便足谓之成也。必其开我以至道，使吾得之而成为人焉。不得则吾弗成为人也。有师如是，其成我之恩，均于生我矣。在三之义，正谓此也。其次则如章实斋氏所云，专门名家之学，虽不足语至道，要亦有得于道之散殊。吾从而受其学，亦不敢不尊之亲之，而严其分、尽其情。（严其分者，己之于师，退居子弟行，不敢抗也。）否则于情未协，于义为悖。自此而下，若传授课本，口耳之资益。学无与于专家，人未闻乎至道，但既为吾所从受课之师，有裨于闻见，则亦以长者事之，以先进礼之，不得漠然无情谊也。亲师之义，虽有差等，毕竟不失其亲爱。古之学者未有不求师也。弟子之名位、年事过于其师者，往往有之；而退然以下其师者，道之所在故也。学之不可无所就正故也。今之学者耻于求师，不以其所未得为可耻，而耻其所不当耻，直无器识故耳。古之人有先从师游，不必有得，而后乃自得，反以其道喻师，而自展其事师之诚者，释迦牟尼是也；鸠摩罗什于其戒师，亦尝行之也。有弟子先从师说而后与之异者，后之所见诚异，非私心立异也。亚里士多德曰，吾爱吾师，吾尤爱真理。有如是弟子，非师门之幸哉！亲师者，非私爱之谓也。然非有真知真见而轻背师说焉，则其罪不在小，学者所当戒也。

次于亲师而谈敬长。凡年辈长于我者，必以长者礼之。年辈长于我而又有学行可尊者，吾礼敬之不尽其诚，又何忍乎？清末以来，学风激变，青年学子习于嚣暴，而长幼失其序矣。有一老辈，平日与少年言议，皆非毁礼教者也，退而与人言，则又忿后生遇己之无礼。吾性褊狭，不欲轻接少年。偶遇之，勿多与言，亦无饰貌周旋之事，孤冷自持而已。夫所以敬长者，约有二义：少不凌长，后生不与先进抗，存厚道也；长者经验多于少年，少年勇于改造，而辨物析理不必精审。使其无轻侮前辈之心习，则将依据前辈之经验以为观摩考核之资者，必日益而不自知矣。西洋各国皆有年老教授居上庠，与吾国古时太学尊礼老师之意适合。明季有一儒者，自言其少时遇长德，辄以兄事。中年而后，自知无礼，于昔所称为兄者，今改称以先生，而自称晚生或后学焉。昔之视在等夷者，今知其德之可尊、学之可贵也，则不复等夷视之，而对之自名焉。此人可谓善补过矣。诸生来学于此，于亲师敬长，自宜留意，不可染时俗也，此亦培养器识之一端也。

学者以穷理为事，然其胸怀一向为名利声色种种惑染之所缠缚，其根株甚深细隐微，恒不自觉。本心全被障碍，如何而得穷理？（"本心"一词，源于《孟子》。宋明儒者亦言之。"本"字宜深玩，但非可徒以训诂为得其解也，必切体之于己，而认识其孰为吾本具之良知良能而不杂夫后起染污之习者。）穷理工夫，非深心不办。真理虽昭著目前，而昏扰粗浮之心，终不得见。必智虑深沉冲湛，而后万理齐彰。深湛则神全。神全故明无不烛，而天下之理得矣。又非大心不办。大故不滞于一隅。观其散著，抑可以游其玄也；析其繁赜，抑可以会其通也；辨其粗显，抑可以穷其幽也；知其常行，抑可以尽其变也；见其烦琐，抑可以握其简也。故唯大心可以穷理。狭碍之心，触途成滞。泥偏曲而不悟大全，堕支离而难言通理，习肤浅而不堪究实。明者所以致慨于横通也。（狭碍之心，非本心也，乃以染习为心故耳。）又非耐心不办。人心恒为染习所乘，安于偷惰而一切无所用心，惯于悠忽而凡百都不经意。苹果堕地与壶水热则膨胀，古今人谁不习见之，却鲜能于此发见极大道理者，必待奈端、瓦特而后能之，则以常人不耐深思故耳。夫事理无穷，要在随处体察，于其所未曾明了者，不惮强探力索。（四字吃紧。）毋忽其所习闻习见而不加察也；毋略其所不及见、不及闻而以为无复有物、无理可求也；毋狃于传说，必加评判；亦毋轻议旧闻，必多方考索：其果是耶，无可立异；其果非耶，自当废弃。毋病夫琐碎而不肯穷也。毋厌其艰阻而不肯究也。时时有一

副耐心，真积力久，自然物格知至，而无疑于理之难穷矣。综前所说三心，曰耐，曰大，曰深，皆依本心而别为之名耳。耐之反为忽（忽者疏忽或忽略），大之反为碍（碍者，狭隘或滞碍），深之反为浅（浅者，浅陋或浮浅）。有一于此，皆不足与于穷理之事。其所以成乎忽与碍且浅者，则以无量惑染根株盘结于中，而本心障蔽故也。学者必有克己（己者，谓一切惑染，亦云私欲或私意）工夫，常令胸怀洒脱，神明炯然，则能耐（耐字意义甚深，即健也。切宜深玩）、能大、能深，而可以穷理尽性矣。王阳明先生云，学问须是识得头脑。存心、养心、操心之学，于一切学问实为头脑。今之学子，顾皆舍其心而不知求，岂不蔽哉？就学术言，华梵哲学与西洋科学原自分途。东学（赅华梵哲学言）必待反求内证，舍此无他术矣。科学纯恃客观的方法，又何消说得？（西洋哲学与其科学，大概同其路向，明儒所谓向外求理是也。西洋思想与东方接近者恐甚少。）学者识其类别，内外交修，庶几体用赅存，本末具备，东西可一炉而冶矣。昔朱子言学，以居敬穷理并言。穷尽事物之理，合用客观方法，居敬即反求内证下手工夫也。（敬是工夫，亦即于此识得内在的本体。）明代治朱学者，诟王学遗物理而不求。王学之徒则又病朱学支离破碎。近世中西之争亦复类是。曷若同于大通之为愈耶？吾与主讲俱无所偏倚，诸生来学于此，须识得此间宗旨，无拘曲见，务入通途。

昔吾夫子之学，内圣外王。老氏崇无，亦修南面之术。（老氏之无非空无也。本性虚寂，故说为无。儒者亦非不言无。《中庸》言天性曰，无声无臭至矣。但儒者不偏着在无上，与老氏又有别。此姑不详。）颜子在孔门拟以后世宗门大德气象，颇相类似，然有为邦之问，则孟子所谓禹、稷、颜回同道，诚不诬也。吾尝言，佛家原主出世，使世而果可出也，吾亦何所留系。其如不可出何？如欲逃出虚空，宁有逃所？（世之言佛者，或谓佛氏非出世主义，此但欲顺俗，而恐人以此诟病佛法耳。实则佛家思想元来自是出世，彼直以众生一向惑染、沦溺生死海中为可怖畏，而求度脱。轻论具在，可曲解耶？但佛家后来派别甚繁，思想又极繁杂。如大乘学说，渐有不舍世间的意思，华严最为显著。金光明经亦归于王者治国之道云。）是故智者哀隐人伦，要在随顺世间，弥缝其缺，匡救其恶。所谓裁成天地之道，辅相天地之宜，本中和而赞化育，建皇极而立蒸民。（古诗云，立我蒸民，莫匪尔极。）此吾夫子之道，所以配乾坤而同覆载也。庄子曰"春秋经世，先王之志"，可谓知圣心矣。汉世经儒并主通经致用，不失宗风。故汉治尚可观。魏晋以后，佛家思想浸淫社会，曹氏父子又以浮文靡辞导士夫为浮虚无用，儒生经世之业不可复睹。遂使五胡肇乱，惨毒生民。延及李唐，太宗雄伟，仅振国威于一时。继体衰乱，迄无宁日。唐世士人，下者溺诗辞，上者入浮屠，儒业亡绝，犹魏晋以来之流风也。世道敝而无与持，有以也哉！（唐世仅一陆宣公以儒术扶衰乱。）祸极于五代。宋兴而周程诸老先生绍述孔孟，儒学复兴。然特崇义理之学，而视事功为末，其精神意念所注，终在克己工夫。而经国济民之术或未遑深究。虽述王道、谈治平，要亦循守圣文，非深观群变、有所创发也。至其出处进退大节，自守甚严，诚可尊尚。然变俗创制、一往无前之勇气，则又非所望于诸老先生矣。然而宋儒在形而上学方面实有甚多发见。（当别为论。）晚世为考据之业与托浮屠者，并狂诋宋儒，彼何所知于宋儒哉？唯宋儒于致用方面实嫌欠缺，当时贤儒甚众而莫救危亡，非无故也。及至明季，船山、亭林诸公崛起，皆绍述程朱而力求实用。诸公俱有民治思想，又深达治本，有立政之规模与条理，且皆出万死一生以图光复大业，志不遂而后著书。要之皆能实行其思想者也，此足为宋儒干盅矣。（颜习斋名为反对程朱，实则其骨子里仍是程朱。所攻伐者，但是程朱派之流弊耳。）胜清道咸间，罗罗山、曾涤生、胡林翼诸氏又皆宗主宋学，而足宁一时之乱。（诸公扶持清廷，殆非本志，直是现实主义耳。洪杨既不足辅，又惧同类莫能相下，故仍拥清以息一

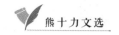

时之乱耳。曾氏刊布《船山遗书》，虽昌言民族革命之《黄书》而布之无忌。其意念深哉！）故由宋学演变观之，浸浸上追孔氏，而求内圣外王之全体大用，不复孤穷性道矣。（明季大儒与咸同诸公所造高下浅深，为别一问题。然其内外交修，不欲成为有体而无用，则犹孔氏之遗规也。）今世变愈亟，社会政治问题日益复杂，日益迫切。人类之忧方大。而吾国家民族亦膺巨难而濒于危。承学之士，本实既不可拨，（本实，谓内圣之学。）作用尤不可无。（作用，谓外王或致用之学，与俗以机智名作用者异旨。）实事求是，勿以空疏为可安。深知人生责任所在，必以独善自私为可耻。（释迦牟尼为一大事因缘出世。王船山先生自题其座右曰，吾生有事。此是何等胸怀！吾人可不猛省！）置身群众之外而不与合作，乃过去之恶习。因任事势所趋而不尽己责，尤致败之原因。（西洋社会与政治等等方面，许多重大改革，而中国几皆无之。因中国人每顺事势之自然演进，而不以人力改造故也。此等任运自然的观念，未尝绝无好处，但弊多于利。当别为文论之。）诸生研求实用，尤贵于旧日积习得失，察识极精，而迁善必勇。否则虽有技能，不堪致用，况缺乏技能者乎？或曰，今世言致用，必须专门技术。（此等人才，必出自各学校之为专科研究者。）书院系养育通材，恐徒流为理论家，而不必可以致用也。此说只知其一，未知其二。夫专材（专门技术，省言专材）与通材，互相为用，而不可缺其一也。专材恒是部分之长。虽其间不无卓越之士，然终不能不囿于所习，其通识终有限也。通材者，测远而见于几先，穷大而不滞于一曲，能综全局而明了于各部分之关系，能洞幽隐而精识夫事变之离奇。专材的知识是呆板的，通材的知识是灵活的。专材的知识是由积聚而得的，通材的知识多由超悟而得的。（超悟本自天才，然天材短者，积学亦可致。）专材的知识是显而易见的，通材的知识是运于无形的。专材与通材之辨略如上说。而通材实关重要。能用专材者，通材也。若无通材，则专材亦无所依附以尽其用。选任各种专材而位之各当其所，此则通材所有事也。凡理论家固可谓之通材，而通材不必悉为理论家。通材者，恒是知行合一之人物也。通材与专材，时或无定称。如一个工厂的领袖，比于厂中技师等等则为通材，比于实业界中更大的领袖则又成专材矣；实业界中大领袖虽号通材，而对于主持国柄之大领袖则又成专材矣。凡求为通材者，必有宽广的胸量、远大的眼光、深沉的思考、实践的勇气，谦虚的怀抱。若不具此素质而求为通材，未之有闻也。查本院简章分通治别治二门。通治门，以《孝经》《论语》为一类，孟荀董郑周程张朱陆王诸子附之。别治门，《尚书》、三《礼》为一类，名法墨三家之学附之；《易》《春秋》为一类，道家附之。凡此，皆所以养通材也。

[附识] 或问，本文有云："中国人每顺事势之自然演变而不以人力改造。"此意未了。答曰："吾举一例明之。如数千年来君主政治，时或遇着极昏暗，天下自然生变。到变乱起时，也只任互相杀伐。俟其间有能者出来才得平定，仍然做君主。此便是顺事势自然，不加人力改造。若是肯用人力改造局面时，他受了君主政治许多昏暗之祸，自然会想到民治制度，同来大改造一番。西洋人便是这样。中国人却不如此。即此一例，余可类推。"

国家设学校以养人才。人才虽出于其中，而就学者固不能皆才也。书院虽欲养通材，又何敢过存奢望耶？然在诸生，则不可妄自菲薄，必努力以求为通材，而后不负自己，不负所学。（诸生纵不得胜国家栋梁之任，吾亦望其行修而学博，足以居庠序而育群材。今各大学于本国学术方面缺乏师资，此足见吾国人之不力学，不求认识自己。昔拿破仑自谓其失败，根本不由于外力与刀枪，而在于德国理想家的抵抗力。诸生三复此言，当知所奋发矣。）

本院简章，举一切学术，该摄于六艺。故学者选修课程，应各择一艺为主，而必兼治其相类通者。如所主在《易》，则余艺，如《春秋》等（等者，谓《诗》《书》、三《礼》及四子书等），诸子学如道家等（等者，谓自汉迄宋明诸师），及印度佛学与外道，皆所必治。即西洋哲学与科学，尤其所宜取资。如所主在《春秋》诸艺，则其所应兼治之诸学，亦各视其所相与类通者以为衡。夫学术分而著述众，一人之力，何可穷搜？故治学者，有二义宜知。每一种学问皆有甚多著述，唯择专家名著而详加玩索。其余可略。此一义也。（博学者，非无书不读之谓，乃于不可不读之书，必须熟读耳。）依据自家思想根荄，因取其与吾相近者特别研寻，以资发挥，此二义也。（如吾治《易》而好象数，则于数理逻辑必加详究。如吾治《易》而主明变，则凡哲学家之精于语变者必加详究。如吾治《易》而于生生不息真机特有神悟，则凡依据生物学而出发之哲学，必加详究。如吾治《易》而注重明体及生活与实践方面，则于佛家及宋明诸师，必加详究。如吾治《周礼》而欲张均产与均财之义，则于吾先儒井田、限田诸说及西洋许多社会主义者关于经济的思想，必加详究。如吾治《春秋》而欲张《公羊》三世义，则于吾六经、诸子及西洋哲学许多政治思想，必加详究。如上所说，略示方隅。学者触类旁通，妙用无穷。）本院主张自由研究，不取学校教师登台强聒、学生呆坐厌听之方式，亦无一定讲义。主讲及讲座、教授都讲，（简章尚未立教授，以开创伊始，规模尚狭故也。实则教授为正常负责之师，决不可无。至简章有讲友，相当各大学名誉教授，但马先生不欲仍时俗教授之名，俟将来酌定。）时或聚诸生共语，得为语录而已。分系办法虽本院所无，但简章一宗六艺而分通治、别治二门。诸生入院修学，自应先通后别。其别治门，各专一艺，而兼治其相与类通之诸学，则分系之意存焉，至各门所应研习之书目，拟分必读与博览二类，容缓酌定。必读一类，贵精不贵多。如孔门之于六艺，魏晋学者之于三玄，两宋诸师之于四子书。又如佛家空宗，主大般若经与四论（《大智度》及《中》《百》《十二门》）。相宗亦有六经十一论。（详基师《唯识述记》等。）凡此诸家，其所专精之书并不多。唯有所专主而聚精会神于其间，久之而神明变化，受用无穷矣。至博览一类则不嫌其多，然学者资性有利钝，精力有衰旺，要在各人随分尽力，选择其万不容不涉及者而目治心营焉，求免于孤陋寡闻之患，而有以收取精用弘与引申触类之益，斯为得之。若夫不量自力而一意涉猎求多。其弊也，或则神昏目眩而一无所得，或则杂毒攻心而灵台长蔽、思想长陷于混乱。此为人生至苦之境。吾意将来规定各门应行博览之书。虽名目不妨多列，而学子于其间尽可留心选择，务令游刃有余，毋以贪多自害。唯必读之书，则非终身潜玩不可。

学问之道，由浅入深，由博返约。初学必勤求普通知识，将基础打叠宽博稳固，而后可云深造。其基不宽则狭陋而不堪上进，其基不固则浮虚而难望有成。初学若未受科学知识的训练而欲侈谈哲理与群化治术等等高深的学问，便如筑室不曾拓基，从何建立？登梯不曾循级，必患颠蹶矣。（吾国学术虽未曾发展为科学，然吾先圣贤于哲学思想方面所以有伟大的成功者，非独天才卓越、直超顿悟、冥会真理而已，亦因其穷玄而不遗事物。如所谓"仰观于天，俯察于地，近取吾身，远观诸物"。又如孟子称"舜，明于庶物，察于人伦"。后儒亦屡言，须体验物理人事。又曰"从人情事变上磨炼"，其精于综事辨物，可见矣。吾固有之学术不曾发展为科学，此是别一问题。然吾古之学者自有许多许多的科学知识，则不容忽视。《易》之为书，名数为经，质力为纬，非有丰富幽深的科学思想则莫能为也。而其书导于羲皇，成于孔氏；创作之早，至可惊叹。后生偷惰，知识日益固陋。今西洋科学发达，学子诚当努力探求。）诸生若自大学卒业而来者，于科学有相当素养，今进而研华梵高深学术，不患无基。至其未受学校教育者，（本院征选肄业生细则，不限定大学卒业一途者，原欲广造就耳。但其人若非具有

天才而缺乏科学训练，恐终为进学之碍。今次征选生徒办法只可作一种试验耳。）务望于科学方法及各科常识，尤其于生物学、心理学、名学及西洋哲学与社会政治诸学，必博采译述册子详加研索。今之译述，大抵出于稗贩，而不详条贯，鲜有旨要。其于所介绍之学说，实未有精研故也。又复模仿西文文法，而未能神明变化，故其辞甚难通。加之白话文于素读旧书者气味最不合。以上诸因，译述册子每为人所不喜阅。然诸生未受学校教育者，要当于译述册子勉强玩索，勿病其肤杂，勿畏夫艰阻。须知，学者涉猎群书，譬之入山采宝。初入深山，所历几尽属荆棘，及遇一宝，则获益无穷矣。读杂书，亦复如是。往往有意外之获。孟子谓"舜好问，而好察迩言"。理道无穷，随在足资解发故也。译述虽劣，讵不足比于迩言耶？

吾国学术，夙尚体认而轻辩智。其所长在是，而短亦伏焉。诸生处今之世，为学务求慎思明辨，毋愧宏通。其于逻辑，宜备根基，不可忽而不究也。（然学问之极诣，毕竟超越寻思，归诸体认，则又不可不知。）

《论语》有言，工欲善其事，必先利其器。文字者，发表思想之器也。凡理论的文字，以语体文为最适宜。条理详明，委曲尽致，辞畅达而无所隐，义精确而无所淆。此语体文所擅长也。但有时须杂用文言文，谈理至幽玄之境，凌虚着笔，妙达神理，则或赖文言以济白话之穷。如程子《语录》中所谓"冲漠无朕，万象森然"，以整练之辞，善敷玄旨，含蓄无尽。（此等处若用白话，便无义味。）此语体参用文言之妙也。学子如欲求工语体文，必须多读古书。能作文言文，始无不达之患。今学子为白话文，多有不通者，此可戒耳。

读书须有三到，曰手到、目到、心到。手之所至，而目注焉，而心凝焉，则字字句句，无有忽略过去者。读书不求甚解，在天才家眼光锐利，于所读书入目便能抉择，足资一己创发之用；若在一般人，则虽苦思力索，犹惧不尽其条理，不识其旨要，而可不求甚解乎。读书切忌忽略过去。学之蔽，理之难明，只缘自心随处忽略故耳。忽略者，万恶之源也，所谓"不诚无物"是也。吾写至此，吾意甚苦，愿诸生自反而力戒此病。（细玩《论语》，则知圣贤日用间，只是一直流行，一切无有忽略。）

今之少年，习为白话诗，以新文学自标榜。其得失则当世有识者多能言之，毋俟余喋喋也。余生平不能诗，间讽诵古之名作，略识其趣，以为声音节奏，终不可忽而不讲。若不求协韵，只为白话而已，其可谓之诗乎？诸生于六艺中倘有专诗者，将欲创作新体，亦必沉潜于旧文学，（谓由《三百篇》、楚汉迄近世，诗骚赋词等作品。）遗其貌而得其神。或能融会众体，别创一格，未可知也。如于旧文学未有深厚涵茹，而以浅躁之衷急谋更张，终必无成。子曰："仍旧贯，如之何。何必改作。"更张而不及其旧，勿轻更焉可也。

每闻少年能读西人诗，惊服其长篇巨制，辄谓中国诗不足观。此真肤论也。余未读西人诗，但闻人言，想见其气象雄放、情思畅茂。然中国诗，妙在辞寡而情思悠然，含蓄不尽。清幽之美，如大化默运，不可以形象求也。中西诗但当各取其长，勿妄分优劣也。

间闻人言，通经致用之说，在今日为迂谈。今之政事，当有专门技术，岂得求之六艺而已乎？此其说甚误，有见于末，无见于本也。如欲辨正此等谬见，自非可以简单言之。虽著书累牒，犹难达意。吾于此不暇深论，但虑诸生移于时俗，终不能不略明吾旨也。夫缮群致治，必有经常之道，历万变而不可易也；亦必有张弛之具，随时而制其宜也。专门技术只为张弛之具，而所以为张弛者，要不可离经常之道。姑举一义言之。《大易·革卦》，著改革之象，必归之诚信。革，变易也。诚信，则通万变而不可易之常道也。改制易度而果以诚信行之，毋假新法之名，而阴违之以遂其私欲，毋藉新兴之事而私便之，以恣其淫贪。以诚信宰万变而不渝，

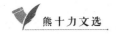

则任何改革无不顺天应人，行之尽利矣。嗟尔诸生，更历世变，亦已不浅，其犹无悟于此耶？即今国际纠纷至于人类自毁，而不知祸之所底。诸霸者莫不声称正义，而所为适得其反。不诚不信，戾于常道。生人之祸，何时已乎？自古皆有死，民无信不立。圣言深远。人类如终不自毁，其必率由吾六艺之教焉无疑也。夫六艺之旨，广大悉备，所谓范围天地之化而不过，曲成万物而不遗。唯智者真有得于六艺，则见其字字句句皆切于人生实用，而不可须臾离也。无识者视为陈言，所谓至言不止于里耳也。谓通经致用为迂谈，此乃细人之见耳。且学者诚能服膺经训而反之自心，将于万化之本、万事之纲无不洞达，则其于人群事变之繁复奇诡，自可秉枢要以御纷杂，握天钧而涉离奇。阳明所谓规矩诚设，而天下无数之方圆，皆有以裁之矣；尺度诚立，而天下无数之长短，皆有以裁之矣。然则运用专门技术者，必待湛深经术之醇儒。世有善知识，必无疑于吾言也。又凡治六艺者，非但习本经而已。如治《尚书》三礼者，于吾诸子、历史及诸文集并西洋社会、政治诸学，皆博览而取材焉。余艺可类推。夫学术者，古人诣其大，而后人造其精；古人穷其原，而后人竟其委。（委者，委曲。事理之散殊，至纤至悉，难于穷了者，谓之委曲。）古人以包含胜，后人以解析胜。学者求知，若但习于细碎，则智苦于不周，而应用必多所滞。六艺者，吾国远古之大典，一切学术之渊源。学子欲求致用而不习六艺，是拘于偏曲而不求通识也，恶可致用乎？今各大学法科，只习外人社会及政治诸书而已，故剿袭外人法制以行之吾国，终不适用也。故夫研究西洋社会及政治法律诸学者，必上宗六艺而参稽历朝史志与诸文集，博而有要，杂而有本，庶几通古今之变而可权时致用矣。尤复须知，吾国著述，不肯敷陈理论，恒以散殊而简单之辞寓其冲旨，所谓引而不发是也。善读者，于单词奥义悟得无穷道理。如《周礼》言经国理民之规，一以均平为原则。《大学》言理财，归之平天下，本之絜矩。（絜矩者，恕道也。今列强不知有恕，故互相残。）《论语》言"不患寡而患不均"。《孟子》言民治端在制产，曰"民有恒产，斯有恒心"。《书》曰"正德，利用，厚生"。尽大地古今万国谈群化究治道之学者，著书千万，要不过发挥上述诸义而已。治今日之中国，道必由是；为人类开万世太平之基，道必由是。又如《论语》"道千乘之国"一章，尤为今日救时圣药。时时存敬事之一念，无实之议案与夫徒供官吏假借济私而有害民生之政令，必不忍行、不肯行。至其敬慎以出之事，自然实行收实效而可信于群众。非有实益于公家，即一毫不浪费。如此节用，何虑艰危？当饮食而思天下饥饿者众，处安全而思天下惨死者众。有此爱人一念，自必达之事业。程子曰："一命之士，苟存心于爱物，于人必有所济。"况乘权处要者乎？征役出于不得已，而于人民生事所关，必加顾惜审处，则所全者多矣。当今上下一心，果能实体敬事而信节用而爱人诸义而力行之，又何忧乎国难？圣训洋洋，无一语不切实用，奈何以迂谈视之？夫六艺之旨，广大渊微。欲有称举，终嫌挂一漏万。吾提示一二，以便诸生读经时知所留意而已。经术诚足致用，诸生到深造自得时，方信得及耳。（此与前谈通材与专材一段，可参看。）儒家教学者，必先立志。佛家教学者，首重发心。所发何心？所立何志？即不私一己之心之志。易言之，即公一己于天地万物之心之志而已。罗念庵先生有云："近来见得吾之一身，当以天下为己任。不论出与处，莫不皆然。真以天下为己任者，即分毫躲闪不得，亦分毫牵系不得。（躲闪与牵系，皆私意私欲之为。）古人立志之初，便分蹊径。入此蹊径，乃是圣学。不入此蹊径，乃是异端。阳明公万物一体之论，亦是此胚胎。此方是天地同流，此方是为天地立心、生民立命，此方是天下皆吾度内，此方是仁体。孔门开口教人，从此立脚跟。（力案此须善读《论语》，能于言外会意，方得之耳。孔子随事示人，无不使之率由常德。如孝悌忠信笃敬等等，皆常德也。率由常德，即是通人己为一体处。失其常德，即成自私自便，而不能

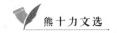

与物同体矣。学者于此，宜深切察识。）后儒失之，只作得必信、必果，硁硁小人之事，而圣学亡矣。（力案此是念庵大眼孔处。）《西铭》一篇，稍尽此体段。所谓大丈夫事，小根器不足以当之。识得此理，更觉目前别长一格。又曰，今人言学，不免疏漏，虽极力向进，终无成就，是不达此理。以此与他人言，绝不见有一人承当。即不承当，亦不见有一人闻之生叹羡者，不知何也？（力案众生可悲，以此。）又曰，区区不足法，只此一蹊径，似出于天之诱衷，却非有沿袭处。吾身纵不能至，愿诸君出身承当。承当处，非属意气兴致，只是理合如此。（力案此处吃紧。）此方是做人底道理，此方是配天地底道理。能有诸己，何事不了。真不系今与后、己与人也。"念庵此一段话，至为警切。吾故举以示诸生。诸生能发心、立志而公一己于天地万物，与为一体。如此，方是尽人道也。亦必如此，而后见得天下事皆己分内事，而任事之勇自生。

孔门教学者，唯尚躬行。子路有闻，未之能行，唯恐有闻。其刻励如是。后来学人，便侈谈空理而轻视事为。学风所由替，民族所由衰也。诸生其念之哉，勿以空谈了一生也。天下事，无大无小，量己才力所胜任者，以真实心担任作去。才作事，便是学。否则只是浮泛见闻或空想，不足言学也。

写至此，便欲止，然犹若不能已于言者。学问之事，唯大天才或可以不信天、不信地，而唯自信、自成。中人之资，未有不笃信善知识而可以有成者也。超悟之明不足，则推度易滋疑眩，而古今偏至与浮浅之言，亦皆足乱其神明。故必有善知识为之师，而己又能笃信其师之说。由笃信而求深解，了然于其师之所见。一义如是，众义皆然。久之，养成自家识力，便可纵横自在矣。今之学子，才识不逾中人，或且不及中人，而果于自信，不知择师。任其肤乱浮嚣之见衡量一切，无所取准，惑以终身，不亦悲乎。《论语》曰，笃信好学，守死善道。诸生来学于此，愿办一个信心，毋轻自用也。

前月19日，寇机来袭嘉。吾寓舍全毁于火。吾几不免，幸所伤仅在左膝稍上。一仆拥持，得脱于难。然痛楚缠绵，已历多日。兹值开课，念天未丧予，益不得不与诸生共勉。以上所言，本无伦次，然要皆切于诸生日用。譬之医家治病，每下毒药，然其出于救人之真心，则无可疑也。诸生幸谅余之心焉。

1939年9月17日

附记：复性书院创建于1939年夏。院址在四川嘉定乌尤寺。余应聘不多日，以病辞职。然存此讲词，以备来者参考。十力记。

原载《十力语要》卷二

论为人与为学

陈聚英初见师，请示看何书。师语之曰：且勿遽说看何书。汝欲堂堂巍巍作一个人，须早自定终身趋向，将为事业家乎？将为学问家乎？如为学问家，则将专治科学乎？抑将专治哲学或文学等乎？如为事业家，则将为政治家乎？或为农工等实业家乎？此类趋向决定，然后萃全力以赴吾所欲达之的，决不中道而废。又趋向既定，则求学亦自有专精。如趋向实业，则所学者即某种实业之专门知识也。趋向政治，则所学者即政治之专门知识也。大凡事业家者所学必其所用，所用即其所学，此不可不审也。如趋向哲学，则终身在学问思索中，不顾所学之切于实用与否，荒山敝榻，终岁孜孜。人或见为无用，而不知其精力之绵延于无极，其思想之探赜索远，致广大，尽精微，灼然洞然于万物之理，吾生之真，而体之践之，充实以不疑者，真大宇之明星也。故宁静致远者，哲学家之事也。虽然，凡人之趋向，必顺其天才发展。大鹏翔乎九万里，斥鷃抢于榆枋间，各适其性，各当其分，不齐而齐矣。榆枋之间，其近不必羡乎远也；九万里，其远不必骄于近也。天付之羽翼而莫之飞，斯乃不尽其性，不如其分，此之谓弃物。吾向者欲以此意为诸生言之，又惧失言而遂止也。汝来请益，吾故不惮烦而言之。然吾所可与汝言者止此矣。汝能听与否，吾则以汝此后作何工夫而卜之也。若犹是昏昏懂懂，漫无定向，徘徊复徘徊，蹉跎复蹉跎，岁月不居，汝其虚度此生矣。

…………

先生曰：人谓我孤冷，吾以为人不孤冷到极度，不堪与世谐和。

事不可意，人不可意，只有当下除遣。若稍令留滞，便藏怒蓄怨而成为嗔痴习气，即为后念种下恶根，永不可拔。人只是自己对于自己作造化主。可不惧哉！可不惧哉！

偶见师于案头书纸云，说话到不自已时，须猛省而立收敛住。纵是于人有益之话，但说到多时，则人必不能领受而自己耗气已甚。又恐养成好说话之习惯，将不必说不应说、不可说之话，一切纵谈无忌，虽曰直率，终非涵养天和之道。而以此取轻取侮取忌取厌取疑于人，犹其末也。吾中此弊甚深，悔而不改，何力量薄弱一至是哉？

漱师阅同学日记，见有记时人行为不堪者，则批云含蓄为是。先生曰：“梁先生宅心固厚。然吾侪于人不堪之行为，虽宜存矜怜之意，但为之太含蓄，似不必也。吾生平不喜小说，六年赴沪，舟中无聊，友人以《儒林外史》进。吾读之汗下，觉彼书之穷神尽态，如将一切人及我身之千丑百怪一一绘出，令我藏身无地矣。准此，何须含蓄？正唯恐不能抉发痛快耳。太史公曰：不读《春秋》，前有谗而不见，后有贼而不知。亦以《春秋》于谗贼之事，无所不言，言无不尽，足资借鉴也。吾恶恶如《春秋》，不能为行为不堪者含蓄，故与梁先生同处多年而言动全不一致。汝侪亦自行其是可也。”

…………

一友读李恕谷书，师过之。某因问先生对恕谷有无批评。先生曰：吾看船山、亭林诸先生书，总觉其惇大笃实，与天地相似，无可非议。他有时自承其短，而吾并不觉他之短。看李恕谷书，令我大起不快之感。说他坏，不好说得；说他不坏，亦不好说得。其人驰骛声气，自以为念念在宏学，不得不如此。然船山正为欲宏学而与世绝缘。百余年后，船山精神毕竟流注人间，而恕谷之所以传，乃附其师习斋以行耳。若其书则不见得有可传处。然则恕谷以广声

气为宏学者，毋亦计之左欤？那般虏廷官僚、胡尘名士结纳虽多，恶足宏此学。以恕谷之聪明，若如船山绝迹人间，其所造当未可量。其遗留于后人者，当甚深远。恕谷忍不住寂寞，往来京邑，扬誉公卿名流间，自荒所业。外托于宏学，其中实伏有驰骛声气之邪欲而不自觉。日记虽作许多恳切修省语，只是在枝节处留神，其大本未清，慧眼人不难于其全书中照察之也。恕谷只是太小，所以不能如船山之孤往。吾于其书，觉其一呻一吟、一言一语，无不感觉他小。习斋先生便有惇大笃实气象，差可比肩衡阳、昆山。凡有志根本学术者，当有孤往精神。

师语云颂天曰：学者最忌悬空妄想，故必在周围接触之事物上用其耳目心思之力。然复须知宇宙无穷，恃一己五官之用，则其所经验者已有限。至妄想所之，又恒离实际经验而不觉。船山先生诗有云"如鸟画虚空，漫尔惊文章"，此足为空想之戒。故吾侪必多读古今书籍，以补一己经验之不及，而又必将书籍所发明者，反之自家经验而辨其当否。若不尔者，又将为其所欺。

颂天可谓载道之器，惜其把知识看轻了。他也自责不立志，却没理会志非徒立，必见诸事。少年就学时，则穷理致知是一件大事。此却靠读书补助。于此得著门径，则志气日以发舒。否则空怀立志，无知能以充之，毕竟是一个虚馁的汉子。吾观汝侪平日喜谈修养话头，而思想方面全未受训练，全未得方法，并于无形中有不重视之意。此吾所深忧也。观颂天昨日所书，仍是空说不立志，而于自己知识太欠缺，毫不感觉。充汝辈之量，只是做个从前那般道学家，一面规行矩步，一面关于人生道理也能说几句恳切语、颖悟语。谈及世道人心，亦似恻隐满怀。实则自己空疏迂陋，毫无一技之长。尤可惜者，没有一点活气。从前道学之末流只是如此。吾不愿汝侪效之也。

先生戒某君曰：吾一向少与汝说直说，今日宜披露之。汝只是无真志，有真志者不浮慕，脚踏实地，任而直前。反是，则昏乱人也，庸愚人也。汝于自家身心，一任其虚浮散乱而不肯作鞭辟近里工夫。颂天知为己之学，而汝漠然不求也。尝见汝开口便称罗素哲学，实则汝于数学、物理等知识毫无基础，而浮慕罗素，亦复何为？汝真欲治罗素哲学，则须在学校切实用功。基本略具，始冀专精。尔时近于数理哲学，则慕罗素可也，或觅得比罗素更可慕者亦可也。尔时不近于数理哲学，则治他派哲学或某种科学亦可也。此时浮慕罗素何为耶？汝何所深知于罗素而慕之耶？君子于其所不知，盖阙如也。至其所笃信，则必其所真知者矣。不知而信之，惊于其声誉，震于其权威，炫于社会上千百无知之徒之展转传说，遂从而醉心焉，此愚贱污鄙之尤。少年志学，宁当尔哉！天下唯浮慕之人最无力量，决不肯求真知。吾不愿汝为此也。汝好名好胜，贪高骛远，不务按部就班着工夫。一日不再晨，一生不再少。行将以浮慕而毕其浮生，可哀也哉！

先生一日立于河梁，语同学云：吾侪生于今日，所有之感触，诚有较古人为甚者。古之所谓国家兴亡，实不过个人争夺之事耳。今则已有人民垂毙之忧，可胜痛乎！又吾人之生也，必有感触，而后可以为人。感触大者则为大人，感触小者则为小人，绝无感触者则一禽兽而已。旷观千古，感触最大者，其唯释迦乎！以其悲愿，摄尽未来际无量众生而不舍，感则无涯矣。孔子亦犹是也。"鸟兽不可与同群，吾非斯人之徒与而谁与？"何其言之沉切也！"老者安之，朋友信之，少者怀之。"程子谓其量与天地相似，是知孔子者也。

为学，苦事也，亦乐事也。唯真志于学者，乃能忘其苦而知其乐。盖欲有造于学也，则凡世间一切之富贵荣誉皆不能顾。甘贫贱，忍澹泊，是非至苦之事欤？虽然，所谓功名富贵者，世人以之为乐也。世人之乐，志学者不以为乐也。不以为乐则其不得之也，固不以之为苦矣。且世人之所谓乐，则心有所逐而生者也。既有所逐则苦必随之。乐利者逐于利，则疲精敝神于营谋之中，而患得患

失之心生。虽得利而无片刻之安矣。乐名者逐于名，则徘徊周旋于人心风会迎合之中，而毁誉之情俱，虽得名亦无自得之意矣。又且所逐之物必不能久，不能久则失之而苦益甚。故世人所谓乐，恒与苦对。斯岂有志者愿图之乎？唯夫有志者不贪世人之乐，故亦不有世人之苦。孜孜于所学而不顾其他。迨夫学而有得，则悠然油然，尝有包络天地之概。斯宾塞氏所谓自揣而重，正学人之大乐也。既非有所逐，则此乐乃为真乐而毫无苦之相随。是岂无志者所可语者乎？

…………

人生在社会上呼吸于贪染、残酷、愚痴、污秽、卑屑、悠忽、杂乱种种坏习气中，他的生命纯为这些坏习气所缠绕、所盖覆。人若稍软弱一点，不能发展自家底生命，这些坏习气便把他底生命侵蚀了。浸假而这些坏习气简直成了他底生命，做他底主人翁。其人纵形偶存，而神已久死。

凡人当自家生命被侵蚀之候，总有一个创痕。利根人特别感觉得。一经感觉，自然奋起而与侵蚀我之巨贼相困斗，必奏廓清摧陷之功。若是钝根人，他便麻木，虽有创痕而感觉不分明，只有宛转就死于敌人之前而已。

…………

为学最忌有贱心与轻心，此而不除，不足为学。举古今知名之士而崇拜之，不知其价值何如也，人崇而己亦崇之耳，此贱心也。轻心者，己实无所知，而好以一己之意见衡量古今人短长。譬之阅一书，本不足以窥其蕴，而妄曰吾既了之矣，此轻心也。贱心则盲其目，轻心且盲其心。有此二者，欲其有成于学也，不可得矣。

先生尝自言，当其为学未有得力时，亦会盲目倾仰许多小大名流。言已而微笑。子因问曰，先生对昔日所盲目倾仰者，今得毋贱之恶之耶？先生曰，只合怜他，贱恶都不是。

…………

世俗所谓智者，大抵涉猎书册，得些肤泛知识，历练世途，学了许多机巧。此辈原来无真底蕴，无真知见。遇事只合计较一己利害。其神既困于猥琐之地，则不能通天下之故，类万物之情，只是无识之徒。凡人胆从识生。今既无识，便无胆，如何做得大事？

…………

赖典丽云："尝闻诸先生曰，吾人做学问是变化的、创造的，不是拉杂的、堆积的。此如吾人食物，非是拉杂堆积一些物质而已。食后必消化之，成为精液，而自创新生机焉。若拉杂堆积之物则是粪渣而已。学问亦然。若不能变化创新，则其所谓学问，亦不过粪渣的学问而已。"

摘录自《十力语要》卷四

纪念北京大学五十年并为林宰平祝嘏

九年前，余欲作一文纪念蔡孑老，将上下古今之变，而论及孑老在革命党时期与长北京大学时期，其影响于国家民族者为何如。孑老之胸怀与志事及爱智之情趣，并其感人入深之所以，欲一一详述之。此余所铭诸心而未忍一日忘者。然迄今未得作。余平生极喜汪大绅文。顷不忆题目，似历述与罗有高并弟侯等平生之感。其文广博浩荡，气盛而足以包络天地，情与慧俱深，融万理，运万化，通万类。极幽微繁杂之感，如死生、哀乐、世出世、名无名、众生迷妄之所系，一一照察。乐不淫，哀不伤，心不忘当世之务，而放乎孤海。虽游孤海，而帝皇王伯之道，运之宥密，待群情交喻，举而措之亦易耳。余昔阅大绅文，兴此感。尝欲拟是，作二三篇大文字。平生庶几称快，无稍憾矣。纪念孑老，当为大文字之一，然而迄今未敢作也。其后欧阳大师示寂，余逃难在川，感怀万端，亦思为大文字以申哀仰，而复未作。今年有两大文字应作，一为北大五十周年，一为《哲学评论》拟为吾友林宰平先生七十哲诞出专号。北大自孑老长校，领导诸青年教授。今校长胡适之先生及诸名贤首倡文学改革，其被及于思想界与社会政治各方面之影响者，不可谓不巨。至其得失之端，欲详论之，决非简单篇幅可以了事。

由历史眼光论之，自秦政混一以迄于兹，称明世者，汉唐宋明四代。实则四代之中，皆治日短、乱日多。而二千余年来，直是夷狄与盗贼交扰之局。先后出生于此等局面下之仁人哲士，或参佛道以耽玄，（六代以来，文学聪明之士，鲜不杂二氏。）或周旋于凶夷狗盗帝制之下，立补偏救弊、稍息生民之功。间有一二睿智者出，有抉破藩离之思。而在思想界长期锢蔽之下，亦无缘得同声同气之感应，而立就埋塞。余著《读经示要》第二讲，颇谈及此。呜呼，千岁睡狮，沉沦不醒，疲惫乏力，其亦可悯之甚矣。明世阳明先生令人反求固有无尽宝藏，自本自根，自信自足，自发自辟，以此激引群伦，可谓理性大解放时期。濂洛关闽未竟之绪，至此蔚然可观。梨洲称明之理学远过两汉唐宋，有识之言也。及明之季，王、顾、颜、黄诸大儒辈出，其思想多与西洋接近。在当时虽矫王学末流之弊，而实承王学根本精神，则不容否认也。何图生机甫启，大运已倾。阎若璩、胡渭之徒以考核之业锢智慧于无用，媚事东胡，以此率天下而群然效之。有明诸儒之绪，斩焉殆尽。民智、民德、民力之堕没，亘二千年，至是而益颓矣。清之末叶，西化东渐，挟倒海排山之力，以临疲敝之族。群情骤愤，清以不支。帝制更而昏乱滋甚，祸患可以更端迭出，而创新无望也。北大诸青年教授，骤欲破除痼疾，效法西洋。一时热情锐气，颇有揭天地以趋新，负山岳而舍故之概。漪欤盛哉！然而黄炎贵胄，经二千年之停滞不进，今不务掘发其固有宝藏，涵养其自尊自信之毅力而徒以一切扫荡是务，譬彼久病之夫，良医必谨其攻伐，而善护其元气。政治适度，足以消其郁滞而止，则痼疾自除，而生命力乃日益充沛而不自知矣。若遇医师缺经验者，将横施攻泄，大伤根柢，病夫立毙，可哀孰甚。吾于五四运动以后，菲薄固有、完全西化之倾向，窃有所未安焉。

吾国自唐虞以迄晚周，有悠久高深之文化。《易》《春秋》二经，通天化、物理、人事，观变动不居，而随时以各协于中道。（天者，宇宙本体之目。天化，犹云本体之流行。执中之道，自颛顼始明。《史记》称其溉执中而天下平是也。《论语》尧命舜曰"允执其中""舜亦以命禹"。孟子言"汤执中"。《春秋》周室刘康公曰"民受天地之中以生"云云。《易》道随时处中。孔门演《易》之旨作《中庸》，故孟氏称孔子集大成。其脉络的然可寻

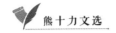

也。）下推之治理，极于位天地、育万物之盛。视夫仅以矛盾法测变者，不亦得其似，而未究其真乎！矛盾法者，易家别于老氏所云，反者道之动也。然反而未尝不归于冲和。冲和者仁也。仁也者中也。（仁何以亦名为中，须深玩刘子"人受天地之中以生"语。）儒者之道，含弘万有。究其极，不外中道而已。人类如有趣向太平之几，必待儒学昌明而后可。此余所断然不疑者。三十余年来，六经四子，几投厕所。或则当作考古资料而玩弄之。畴昔以经籍为常道所寄，崇信而不敢轻叛之观念，迄今荡然无存。学者各习一部门知识，或且稍涉杂乱见闻，而无经籍起其信守，无大道可为依归。身心无与维系，生活力如何充实？此余所不能无忧者。晚周学术思想称已极盛。诸子百家，二者分涂。家者，专门之目。如算学、天文、物理（周公造指南针，古代已有物理知识）、医药（古代发明最早）、工程（秦时李冰，工程知识已高）、机械（孟子称公输子之巧）、地理（邹衍之说略存）等等知识是也。子学，即各派思想，犹今云哲学。儒、道、名、墨、法、农，皆大宗也，而儒者为正统派。秦人残暴，毁文物，民亦不安生。百家之业先亡，其书不易传。子学书，存者亦残缺不全。然诸大宗，略可寻究。百家之业虽亡，今可吸收西洋科学，则绝而复续也。哲学有国民性。诸子之绪，当发其微。若一意袭外人肤表以乱吾之真，将使民性毁弃，绝无独立研究与自由发展之真精神。率一世之青年，以追随外人时下浅薄风会，人虽不自爱，何可暴弃如斯！分析名词与考核之业，只是哲学家之余事，万不可仅以此当做哲学。哲学家不是钻研某一家派之说，而当上下古今，观其会通。不仅是翻弄名词，而当深穷真理。不仅是依据科学，而当领导科学，使科学知识得哲学之启示与批判，而涉入宇宙真相。不仅是解释宇宙，而当改造宇宙。不仅是思辨，而当如《礼》经所云，博学、审问、慎思、明辨、笃行。阳明所谓知行合一之学，变更人类思想，激扬时代精神，涵养特殊人才。此等大责任，全在哲学。

昔年孑老出长北大，首重文哲。今者适之先生仍秉孑老精神。兹后，哲系师生之所努力，似当上追晚周诸子。名、墨取其辨，农、法通其变。（法家主法治。农家社会主义，亦近无政府主义。）道家用其长。（道家谈本体，只见为虚静，固是其短，然未至如佛氏谈体，绝不语生化，究有所长。道家言治，抨击独裁者宰割万物之暴厉，而主自由，亦是其长。）然后董理孙孟，（孙卿《天论》遥合西洋思想。然一归于礼，则超于西化远矣。孟子言性善而重民生，言王道而隆法守，非迂阔也。西洋之治，宜折中于此。）以仰宗于宣圣。造化之奥，天人之故，道德之宗，治化之原，一皆昭澈而远于迷乱。规矩设，而天下之方圆可裁也。尺度立，而天下之短长可衡也。至此，则旁搜外学，不患无主；博涉异方，自有指南。温故知新，含弘光大。深造自得，非随他转。大人之学，不当如是耶？清季迄今，学人尽弃固有宝藏不屑探究，而于西学亦不穷其根柢。徒以涉猎所得若干肤泛知解，妄自矜炫。凭其浅衷而逞臆想，何关理道？集其浮词而名著作，有甚意义？以此率天下而同为无本之学，思想失自主，精神失独立，生心害政，而欲国之不依于人、种之不奴于人，奚可得哉？天积众刚以自强，（董子《繁露》语。）世界积无量强有力分子以成至治。有依人者，始有宰制此依者；有奴于人者，始有鞭笞此奴者。至治恶可得乎？吾国人今日所急需要者，思想独立，学术独立，精神独立，一切依自不依他，高视阔步而游乎广天博地之间，空诸倚傍，自诚、自明。以此自树，将为世界文化开发新生命。岂惟自救而已哉！圣人吉凶与民同患。（佛氏大悲，亦同此精神。）故裁成天地之道，辅相万物之宜，以左右民。（参看吾著《读经示要》第三卷，释《易》处。）此与西洋人主张征服自然、纯为功利动机者，截然异旨。吾先哲为学之精神与蕲向，超脱小己与功利之私。此等血脉，万不可失。哲学无此血脉，不成哲学。科学无此血脉，且将以其知能供野心家之利用，而人类有自毁之忧。吾人今日，必延续此血脉以为群

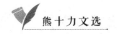

生所托命。哲学固应发挥吾固有伟大精神，科学尤须本吾伟大精神发展去。体现真理，担当世运，恐非西洋人识量所及。吾黄农虞夏之胄，不能不勇于自任也。

在五四运动前后，适之先生提倡科学方法，此甚紧要。又陵先生虽首译名学，而其文字未能普遍。适之锐意宣扬，而后青年皆知注重逻辑。视清末民初，文章之习显然大变。但提倡之效似仅及于考核之业。而在哲学方面，其真知慎思辨明者，曾得几何？思想界转日趋浮浅碎乱，无可导入正知正见之途，无可语于穷大极深之业。世乱日深，需哲学也日亟。而哲学家不足语于己立立人、己达达人也，乃益堪浩叹。此其故安在？哲学者，智慧之学，而为群学之源，亦群学之归墟也。此等学问，纯为伟大精神之产物。学者从事哲学，必先开拓胸次，有上下与天地同流之实，则万理昭著，不劳穷索。否则狭隘之衷，惑障一团，理道终不来舍。故学问之事，首在激发精神，而后可与讲求方法。今之学者，似于一己之地位与温饱外，无四海困穷之实感，无虚怀纳善之真诚，无遁世无闷、精进不已之大勇。其外日侈，其内日亏，其于小己得丧计较甚，其于大道无可入。精神堕落莫甚于今之人。世运艰危。余以寡昧，愿向天下善类尽忠告。言诚过当，闻者足戒。庶几不以人废言之义。北大自孑老长校以来，诸君子贡献于国家民族者甚巨。今兹哲系师生，所处之时会，比以前更困，所负之责任，比以前更大。继今为学，其将随顺时风众势之趋，而漫无省觉乎？抑将怵目惊心而有无穷之感，不容不向至大真处着力乎？余老钝，无复长进，唯好学之意未衰，于同学深寄无限之希望。吾年三十八始至北大，迄今向衰，始终未离北大。唯以疾患不常到校，而余之精神固无一日不与同学相感召。此番纪念，本欲精心作一文字，而精力不给，终未能作。略进芜词，未堪达意。

余与林宰平先生，司在哲系，为日良久。宰平行谊，居夷惠之间，和不流，清不隘，夷惠未之逮也。宰平学问，方面极宽，博闻而尊疑，精思而喜攻难。二十年前，余与宰平及梁漱溟同寓旧京，无有暌违三日不相晤者。每晤，宰平辄诘难横生，余亦纵横酬对，时或啸声出户外。漱溟默然寡言，间解纷难，片言扼要。余尝衡论古今述作，得失之判，确乎其严。宰平戏谓曰，老熊眼在天上。余亦戏曰，我有法眼，一切如量。宰平为学，首重分析。其术盖得之印度唯识法相，而亦浸染西洋逻辑。唯识之论，自唐以来，号为难究。宰平析其名相，详其条贯，辨其思想脉络，如大禹治水，千流万派，穷源究委，疏壅解滞。余劝其述作，宰平谦让未遑。盖其中年后思想渐由佛以归于儒。自汉太史谈已言"儒者劳而无功，博而寡要"。六经浩博，史谈在汉初尚作是说，况后儒杂以二氏推演益纷。儒学难穷，后生所苦。宰平尝欲为一书，阐明儒学。大概以问题为主，列举诸重要概念，释其涵义，究其根依，（谓其立义所根据。）析以类别，综以统纪。庶几宗庙之美、百官之富，粲然可观。余曰，是将以法相家论籍之组织达儒宗之冲旨。是书若出，后生其有赖乎！闻积稿已不少，不久当可公之于世。宰平少年好为诗，诗人富神趣。其于物也，遇之以神而遗其迹。中年尚西洋实测之术。其穷理，务明征定保，远于虚妄。五十以后，践履日纯。晚而穷神知化，庶几尽性。余与宰平交最笃。知宰平者，宜无过于余；知余者，宜无过于宰平。世或疑余为浮屠氏之徒，唯宰平知余究心佛法，而实迥异趣寂之学也。或疑余为理学家，唯宰平知余敬事宋明诸老先生而实不取其拘碍也。或疑余简脱似老庄，唯宰平知余平生未有变化气质之功，而心之所存，实以动止一由乎礼为此心自然之则，要不可乱也。宰平常戒余混乱，谓余每习气横发而不自检也。（见吾《语要》卷四。）世或目我以儒家，唯宰平知余宗主在儒而所资者博也。世或疑余《新论》外释而内儒，唯宰平知《新论》自成体系，入乎众家，出乎众家，圆融无碍也。

余与宰平相知之深，欣逢七十哲诞，应有大文字为祝，而复未能作。凡吾之所欲作而皆未作者，非吾心之诚有所未至也。文章

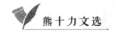

本乎情思，运乎气势。情思气势二者同发于精力，精力不裕，则情难活跃而思易凝滞，气势不易充盈持久。如是而欲为大文字，断不可能。精力强盛者，操笔之前，稍一凝敛，恰恰无心用，恰恰用心时。忽然情如热焰，思若涌泉，气势如天油然作云，如长风鼓众窍。凡大文字之成，未有不如此者也。文学之文与著书说理，其事有异。说理，只要平日义精仁熟，临写出时务求信达，雅其次也。故精力稍弱者，犹可积渐为之。文学之文，兴会为主，精力贫乏，则兴会不生。虽生而不恒不盛。情思乍动而歇，气势弱而难举，欲为美文不可得也。余于汪大绅三录之文，及其与罗有高等感怀之记，宏廓深远，得未曾有。每有大感触，思效之，作一篇大文字，而终束手不一就。呜呼！大文字，天地之真善美也。非唯个人不易成功，而文章盛衰实世运升降所系。吾虽孤陋，犹思独握天枢，以争剥复。倘世运稍转、老怀无苦、精力康复，虽不必能为大文字，终不至以无物上惭前哲，此则余之所自矢也。此番笔语，烦自昭主任付北大纪念册及《哲学评论》祝宰翁哲诞专刊两处发表。聊以志感。

原载《十力语要初续》

哲学本体论的重建

一

今人言综合各科学之原理，以求得哲学上普遍之根本原理。此其说非无似处，而实不通哲学。哲学是智慧的学问，非仅在知识上用功，可悟一贯之理。佛家必得根本智，而后起后得智。（后得智，即辨物析理的知识，乃依根本智而起者。此亦有资乎经验，故云后得。兹不暇详论。）吾前儒主张先得一本，而后可达万殊。此彻底语也。盖哲学之究极诣，在识一本。而此一本，不是在万殊方面，用支离破碎工夫，可以会通一本也。科学成功，却是要致力于支离破碎。此四字，吾先哲之所病，而科学正要如此。但哲学必不可只如此。（下一"只"字者，哲学在知识方面，也须用过支离破碎工夫，但不可只是如此而已，必另有工夫在。）若只如此，必不可识万化根源。（化源者，即所谓一本是也。此处不是各种知识贯穿得到的，正须反求自得。儒之体认，佛之内证，皆非今人所诮为神秘，而是确实证会之境。）

所以于科学外，必有建本立极之形而上学，才是哲学之极诣。哲学若不足语于建本立极，纵能依据一种或几种科学知识出发，以组成一套理论、一个系统，要其所为，等于科学之附庸，不足当哲学也。哲学如依据一种科学以解释宇宙，总不免以管窥天。如近人好据物理学中之相对论与量子论而言宇宙为如何如何，谓其无似处固不得，然谓作如是观者果已得宇宙之蕴，毋乃太戏论乎？又如生物哲学，视宇宙为一生机体，谓其无似处亦不得，然格以东方哲人之义，则犹见其尚未识生命之源。其不免戏论，则与根据物理学而

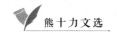

解析宇宙者又同也。大凡哲学家多是以一只眼去窥宇宙，无法避免戏论。

孔子于《易》，言"天下之动，贞夫一者也"。此言变动不居的宇宙，而有个至一的理，为万物所资始，故万变而莫非贞正也。老子言"天得一以清"，（天者，无量星云或星球也。清者，言天之德。无垢曰清。一者，绝对义。天何由成？盖得至一的理，以成其清，而始名为天。）"地得一以宁"云云，（宁者，言地之德。地德安宁，故万物生其中。地何由成？亦得至一的理，以成其宁，而始名为地。故知天地乃至万有，皆一理之所为。）亦本《易》义。孟子言"夫道，一而已矣"。《记》言通其一，万事毕。（于万化而知其皆一理之流行，于万物而知其皆一理之散著。会之有宗，统之有元，故通一而万事毕也。）佛氏推万法之原，亦云一真法界。（"一"义见上。真者，至实无妄义。法界，犹云万物本体。）从来圣哲皆由修养工夫纯熟，常使神明昭彻而不累于形气，即宇宙真体，默喻诸当躬（不待外求），虑亡词丧，斯为证会。（吾人真性，即是宇宙真体，本来无二。一真呈露，炯然自喻，非假思虑，故云虑亡。此际不可以言词表示，故云词丧。须知，思虑起时，便由能虑，现似所虑相。斯时已是虚妄分别，而真体几离失矣。几之为言，显非果离失，然一涉思虑，又不得不谓之离失也。言词所以表物。真体无相，故非言词可表。）真体无形无象，无内无外，此是证会所及，非知识所行境。学极于证，而后戏论息。

哲学不当反知，而毕竟当超知。超知者，证会也。知识推度事物，不能应真，虚妄分别故。（知识对于宇宙万象，只是一种图摹，决不与实体相应，故云虚妄。）知识总是有封畛的，不能冥契大全。至于"证"，则与真理为一。易言之，"证"即真理呈露，炯然自识也。

《新论》建本立极，而谈本体。

学不究体，自宇宙论言之，万化无源，万物无本。只认现前变动不居的物事为实有，而不究其原，是犹孩童临洋岸，只认众沤为实有，而不悟——沤皆以大海水为其本源。儿童无知不足怪，而成年人设如此，则可悲矣。（《新论》浩博，学者或不易理会。《语要》卷一有"答某君难《新论》"篇后附识，谈体用不二义，举大海水与众沤喻，详为分疏。《语要》卷三后有曹慕樊、王准两记，其涉及体用义者，皆足发明《新论》，所宜详究。）

学不究体，自人生论言之，无有归宿。区区有限之形，沧海一粟，迷离颠倒，成何意义？若能见体，即于有限而自识无限，官天地，府万物，富有日新。自性元无亏欠，本来无待，如何不乐？

学不究体，道德无内在根源，将只在己与人或与物的关系上去讲道德规律，是犹立法也，是外铄也。无本之学，如何站得住？悲夫，人失其性也久矣。（性即本体，以其在人言之，则曰性。）残酷自毁，何怪其然。

学不究体，治化无基。功利杀夺，何有止期？若真了天地万物本吾一体者，科学知能皆可用之以自求多福。

学不究体，知识论上无有知源。（本体在人，亦云性智，纯净圆明而备万理，是为一切知识之源。详《新论》"明宗"章。）且真极弗显（真极，犹云本体），证量不成。证量者，即本体或性智之自明自了。一极如如，炯然自识，而无外驰。佛家所谓正智缘真如，名为证量，应如是解，非可以智为能缘、如为所缘，判之为二也。二之，便是有对，是妄相，非真体呈露，何成证量？故知证量依本体建立。若本体不立，证量无由成。宋人词曰，众里寻他千百度，回头蓦见那人正在灯火阑珊处。学者无穷思辨，无限知见，皆灯火也，皆向众里寻他千百度也。回头蓦见云云，正是性智炯然自识。真理何待外求？知见熄时，此理已显也。此言理智思辨，终必归于证量，至为剀切。学不知所止，（学必至于证，方是《大学》所谓知止。）理不究其极，阳明所谓无头的学问，可胜慨哉！

《新论》明体用不二，此是千古正法眼藏。一真法界，是体之

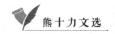

名；变动不居，是谓之用。哲学家谈本体与现象（现象一词，即依用上而名），多欠圆融。《新论》以大海水喻体，众沤喻用。即体而言，用在体；才说体，便知体必成用。譬如说大海水，即此现作众沤者是，不可离众沤而别求大海水。体必成用，不可离用觅体，义亦犹是。即用而言，体在用；才说用，便知用由体现。譬如说众沤，即是一一沤，各各揽全大海水为其体。不可只认一一沤为实物，而否认一一沤各各元是大海水也。用由体现，不可执用而昧其本体，义亦犹是。妙哉，妙哉！

佛氏谈本体，只是空寂，不涉生化；只是无为，不许说无为而无不为；只是不生灭，不许言生。譬如，于大海水，只见为渊深淳蓄，而不悟其生动活跃，全现作无量沤。此未免滞寂之见。其于生灭法，（佛氏所谓生灭法，即指变动不居的万有而目之也，相当《新论》所谓用。）亦不许说由真如现为如此。譬如，不许说众沤由大海水现为之。理何可通？详核佛氏根本大义，却是体用条然各别。譬如，将大海水与众沤离而二之，极不应理，此盖出世法之根本错误。《新论》语体本，辨析严明，"功能"两章，最不可忽。

西洋哲学，《新论》可摄通处自不少。如数理派哲学以事素说明宇宙，其说似妙而实未见本源。《新论》明功能显用，（功能，即本体之名。功能显用，譬如大海水，显为众沤。沤，喻用。大海水，喻功能。）有翕辟二极，顿起顿灭，刹那不住。（即此翕辟二极，名之为用。二极者，非如南北二极有分段之隔也。但言其有内在的矛盾，以相反相成而已。详上卷"转变"章。）自翕极而言，翕势刹那顿现，而不暂住。以此明物质宇宙，本无实物，与事素说，略可和会（即在此无实物的意义上可和会）。而有根本殊趣者，与翕俱起，爰有辟极，转翕而不随翕转，即翕从辟，毕竟不二，而可说唯辟。辟势无在无不在，无二无别，（绝待，故云无二；不可分割，故云无别。）清净而非迷暗，所谓神之盛也。是名宇宙大生命，亦即物物各具之生命。譬如月印万川，万川各具之月，实是一月。所谓一为无量，无量为一是也。据此，则翕势顿现，可略摄事素说。而与翕俱起者则有辟，又翕终从辟，反而相成。故乃于翕辟毕竟不二，而见为本体之流行。克就流行言，则新新而不用其故，真真实实，活活跃跃，非断亦非常。（刹刹不守其故，故非断；刹刹新新而生，故非常。以上参玩《新论》。）神哉神哉！此非谈事素者所与知也。事素说者，不了体用，不识生命。但于翕之方面，刹那势速顿现，则与事素说有少分相似。（势速一词，借用佛典。有势猛起，曰势速。此势速刹那顿起，于事素亦稍似，即从其无实物的意义上有稍似。）然不了体用，（于翕义稍似，非真了翕。且不知有辟，故未了用。又复不知本体之显为翕辟，是不悟万化真源。总而言之，不了体用。）不识生命，（若了翕辟即是本体之流行，若了翕辟反以相成而毕竟不二，即于此识生命。谈事素者未堪语此。斯义深微，焉得解人而与之言。）则不足语于第一义。（"第一义"一词，借用佛典。穷彻宇宙本源，方是第一义。）宇宙人生，不是虚浮无根柢。学不证体，终成戏论。

至于生命论派之学者，大概体验夫所谓意志追求，或生之冲动处。此盖在与形骸俱始之习气上，有所理会，遂直以习气暴流，认为生命。（佛家说众生以势如暴流之赖耶识为主公。赖耶，即一团习气也。西哲如叔本华、柏格森等，持说之根底不能外此。）殊不知，必于空寂中识得生生不息之健，方是生命本然，而哲学家罕能见及此也。总之，言事素者，明物质宇宙非实在，《新论》可摄彼义。至于不达宇宙实相，则非进而求之《新论》不可也。生命论者，其所见足与《新论》相发明者自不少，然未能超形与习，以窥生命之本然。（习依形起，亦形之流类也。）人生成为具有形气之物，则欲爱发而习气生，种种追求与冲动，其机甚隐，而力甚大。此缘形与习而潜伏之几，阴蓄之力，殆成为吾人之天性。吾人如不能超脱于此杂染物之外，而欲自识生命之真，殆为事实所不可能者。无明所盲，（借用佛典语。无明，谓迷暗习气，此能令人

成盲。）复蔽自性，常陷颠倒，可哀孰甚。（佛说众生无始时来，在颠倒中。由其不见自性，而心为形役，故颠倒也。）《新论》融会佛老，以归于儒，明本体空寂而涵万理、备万善，具生生不息之健。空者，无形无象、无分畛、无限量、无作意，故名空，非空无之谓。寂者，无昏扰、无滞碍、无迷暗，清净炤明，故名寂。涵万理、备万善，本来如是，非妄臆其然也。万化无非实理之流行，万物无非真善之灿著。孟子道性善，非从形与习上着眼，乃造微之谈也。具生生不息之健，《大易》扼重在此。二氏未免耽空溺寂，儒者盖预堤其弊。虽然，不见空寂而谈生生，其能不囿于形与习，而悟清净炤明之性体乎？若只理会到生之冲动与盲目追求云云，则已迷其本来生生之健，而无以宰乎形、转其习，因有物化之患矣。（《新论》"功能"两章，学者宜玩。）生命论者，未能穷究本源。则夫子呵子路以"未知生"，岂止为子路下当头棒耶？

牟生宗三，俊才也。前来函谈怀特海哲学，甚有理趣。吾置之案头，拟作答，因循未果，忽忽失去，极怅惘。忆彼有云，西洋哲学总是一个知的系统（知读智），自闻余谈儒，而后知儒家哲学，自尧舜迄孔孟，下逮宋明，由其说以究其义，始终是一个仁的系统。《系传》曰："智者见之谓之智，仁者见之谓之仁。"由中西学术观之，岂不然欤。余以为儒家根本大典，首推《易》。《易》之为书，名数为经，质力为纬，非智之事欤。（阳为力，而阴为质。质力非二元，但力有其凝之方面，即名为质。此中质力，只约科学上的说法。《易》本含摄多方面的道理。若依玄学言，则阳为辟，而阴为翕，其意义极深远。科学上质力的意义，只可总摄于翕的方面。当别为论。）汉人言《易》，曰乾为仁。坤元亦是乾元。然则遍六十四卦，皆乾为之主宰，即无往而非仁之流行也。据此，则《易》之为书，以仁为骨子，而智运于其间。后儒若宋明语录，则求仁之功殊切，而尚智之用未宏。（《论语》记者似只注重孔子言仁与实践的方面，非是孔子之道有偏，只记者有偏注耳。汉以来经师，仁智俱失。宋明儒却知求仁。）《新论》救后儒之弊，尊性智而未尝遗量智，（量智，即理智之异名。性智是体，量智是用。量智推度，其效能有限，以其不得有证量也。存养性智，是孟子所谓立大本之道。陆王有见乎此，然未免轻知识，则遗量智矣。孟子尊思为心官。心者，言乎性智也。思者，言乎量智也。遗量智，则废心之官。后儒思辨之用未宏，此《新论》所戒也。）归乎证量，而始终尚思辨。（证量者，性智之自明自了。思辨，则量智也。学不至于证，则思辨可以习于支离而迷其本。学唯求证，而不务思辨，则后儒高言体认，而终缺乏圣人智周万物、道济天下之大用，无可为后儒讳也。余拟于《新论》外，更作《量论》，与《新论》相辅而行。老当衰乱，竟未得执笔。）性智，即仁体也。证量，即由不违仁而后得此也。（仁体放失，便无自觉可言。此言自觉，即自明自了，其意义极深远，与常途习用者不同。）思辨，即性智之发用。周通乎万事万物，万理昭著。如人体无麻木枯废、血气不运之患。则仁智虽可分言，而毕竟一体也。《新论》准《大易》而作，形式不同，而义蕴自相和会。

《新论》立翕辟成变义。翕，即凝以成物，而诈现互相观待的宇宙万象。辟，则遍运乎一切翕或一切物之中，而包含乎一切物。故辟乃无定在而无所不在，无二无别，复然绝待。翕辟皆恒转之所为。（恒转，即本体之名。详《新论》。翕辟，喻如众沤。恒转，喻如大海水。）但从翕之方面言，则似将物化，而失其本性。（本性，谓恒转。）从辟之方面言，则是不改易其本性（本性同上），常转翕从己（己者，设为辟之自谓），而终不可物化者。于此，而见翕辟毕竟不二。（翕随辟转，只是一辟，故不二。）亦即于此，而识恒转。（于翕辟不二，而知此即恒转。譬如，于众沤而知其即是大海水也。）本来无实物，而诈现物相，毕竟非有相、非无相。（恒转本无形，而不能不现为翕辟，翕即现似物相。故知毕竟非无相。辟，亦无形也，终不失恒转本性。而翕终随辟，则翕虽诈现物

相，要非实在。故知毕竟非有相。）神哉，神哉！（非有非无，穷于称赞而叹其神也。）

就辟之运乎一一翕或一一物之中以言，便是一为无量。辟是一，已如前说。其运乎一一物之中，即本至一，而分化成多。譬如月印万川，即本一月而为无量月。

就辟之至一而不可分，一一物各得其全以言，便是无量为一。辟是全整的一，故就其在甲物言，则甲物得其全，就其在乙物言，乙物亦得其全，乃至无量物皆然。譬如万川之月，元是一月。

就万物各具辟之全以言，则万物平等一味。《大易》"群龙无首"，（龙者，阳物，喻物之各具有龙，以成其为物也。无首者，物皆平等，性分各足故。）庄生"泰山非大，秋毫非小"，皆此义也。若推此义以言治化，则当不毁自由，任物各畅其性。各畅者，以并育不相害为原则。逾乎此，则是暴乱，非自由义。此不暇详。

就一一物各具之辟，即是万物统体的辟以言，则自甲物言之，曰天地万物皆吾一体，自乙物言之，亦曰天地万物皆吾一体，乃至无量物皆然。理实如是，非由意想谓之然。是故《论语》言"仁者，己欲立而立人，己欲达而达人"，人己非异体故。《中庸》言"成己""成物"，物我无二本故。同体之爱，发不容已。孔氏求仁，佛氏发大悲心，皆从本体滚发出来。（用李延平语。）虽在凡夫，私欲蔽其本明（本明，谓本体），然遇缘触发，毕竟不容全蔽。如孟子言"今人乍见孺子入井，皆有怵惕恻隐"即其征也。本此以言治化，《春秋》"太平"、《礼运》"大同"，岂云空想，人患不见己性耳。（己性本与万物同体。）

《新论》原心于沕穆，动而辟也。（沕穆，无形貌。推原心之本体，本无形也。动者，流行义。本体流行，而有其显为辟之方面，即名为心。）辟则至无而有。（至无，谓无形也。辟不失其本体之自性，故无形。然无形而已，要非空无之谓，故又云有。）至无而有，故是浑一而无封畛也。（无形故无封畛。）原物于沕穆，

（推原物之本体，则非物别有本也。固与心同一本体、同一沕穆无形者也。）动而翕也。（动义同上，本体流行，而有其翕之方面，即名为物。）翕则不形而形，（本体无作意，非欲自成为形物也，故云不形。然其显为翕之势，刹那势速顿现，虽无实质，而似有形焉。如当前桌子，只是刹刹势速顿现，宛尔成形。）是其动以不得已。辟之流行，不可无资具故也。唯然，翕便现似各个，千差万别，宛然世界无量。（世界约说以二：曰器世界，即自然界；曰有情世界，即于自然界中，特举众生而目之。）然复须知，翕成形，则只如其现似之形而已。若其周运与包含且主宰乎翕者，则所谓辟是也。心物问题，古今聚讼。学者各任知见构画，云何应理？《新论》以翕辟言之，初时良由傥悟，后来随处体认，确信此理无疑。余年十八，读《易系传》至"辟户之谓乾，阖户之谓坤"，神解脱然，顿悟虚灵开发者，谓之辟，亦谓之心；聚凝阖敛者，谓之翕，亦谓之物。心无内外。（心是虚灵开发，无定在而无不在，本无形也，何内外可分？）物者，心之所运用、所了别，亦非离心外在。当时颇见大意，只条理未析，意义不深耳。

谈哲学，如不能融思辨以入体认，则其于宇宙人生，亦不得融成一片。此中义趣渊微，难为不知者道也。体认极于证量。（体认一词，前儒或泛用之，然语其极，即是证量。《新论》下卷附录中，有答谢君书及此。）非克己或断障至尽，则性智不显，不得有体认也。性智，即本体之名。（见《新论》"明宗"章。）体认，即本体之炯然自识。故惟本体呈露，方得有体认也。儒者言克己，佛氏言断障；障之与己，名异而实同。但佛家于此，发挥详尽，儒者却不深析之。己不克尽，障不断尽，则本体受蔽而不显，如何得有体认？思辨，本性智之发用。然己私与障染未尽，体认未得，则思辨易失其贞明之本然，（思辨是性智的发用，则贞明是其本然也。元无迷乱，但人之生也，形气限之，而己私以起，障染以生，则蔽其本体，而贞明以失。如云雾起而蔽太阳。）而有相缚之

患。（"相缚"一词，本之大乘相宗，意义极深远。相者，相状。为相所缚，曰相缚。）人生不能离开实用，故理智常受实用方面的杂染，每取着境相。易言之，思辨之行，恒构画成相，此相既成，还以锢缚自心，而不得脱然默契实理，故云相缚。如哲学家解释宇宙，其实只是分析概念。此等概念，在哲学家思辨的心中，无往不是相缚。故非克己断障尽净，性智显而体认得，则思辨之行终不能遣相缚，而至于思泉纷涌而不取思相，辨锋锐利而不着辨相，直与实理亲冥为一。（"故非克己"，至此为句。）所谓不能融思辨以入体认者此也。（向欲于《量论》中详此意，惜未及作。）不能融思辨以入体认，则其于宇宙人生不得融一者，为其思辨心中所构画之宇宙，只是相缚，直将人生本来与宇宙同体之真，无端隔截故也。既自系于相缚，便不能有孟子所谓"万物皆备于我"及"上下与天地同流"之实际理地。譬如手足一旦受缚极重，便与全体血脉不相贯通，而成隔截之祸。又如蛛造网、蚕作茧而自缚其中，遂与向所生焉、息焉、周通无碍之大自然隔截。此其可悲已甚，故谓宇宙人生不能融成一片也。

《新论》根本精神，在由思辨趣入体认（亦云证量或证会），即从智入而极于仁守。（仁，即本体。佛老于虚寂显体，《新论》则于虚寂而有生生不息之健处认识体。生生，仁也。故说仁即本体。此是儒家一脉相承。仁守，即体认之候。若私意、私欲蔽其本体，即无体认可言。思辨，则智之事也。）此或为偏尚知的系统者所不得契。然理贞一是，学有正鹄，不可徇俗而丧吾所持也。自《新论》文言、语体两本问世以来，十余年间，辄欲以一得之愚与当世明哲商所向，天下之大，岂无与我同怀者乎？然而所期适得其反。汪大绅自序曰"学既成而日孤也"，余谓不孤不足以为学，可毋伤也。

原题《与黎邵西教授书》，原载《印行十力丛书记》

二

空洞的"无"的境界，决定没有的。只有不了解本体的人，才作这种"无"来想的。宇宙全是真实的弥满。真实是恒久的、不息的，哪有空洞的"无"呢？

还有许多哲学家，他们并不曾有意的作出"有出于无"或"无能生有"这样的主张，并不说有空洞的无的境界，他们只把万变不穷的宇宙看做是客观独存的，只承认这个变动的一切行或万有是实有的，但不肯承认有所谓本体，并且厌闻本体的说法。他们以为，本体只是观念论者好弄虚玄而妄构一个神秘的东西来作宇宙的因素，这完全是一种迷谬罢了。他们的意思，大概如此。我觉得他们的评议，对于谈本体的学者们，也可作一个净友。从来哲学家谈本体，许多臆猜揣度，总不免把本体当作外在的物事来推求，好像本体是超越于一切行或现象之上而为其根源的。他们多有把本体和一切行或现象界说成两片。他们根本不曾见到体，而只任他的意见去猜度。因此，任意安立某种本体，（或以为是心的，或以为是物的，或以为是非心非物的，总当作外在的物事来猜拟。即在唯心家言，亦是臆想宇宙和人生有个公共的本源，而说为精神的已耳。其立论皆出于猜度，要非本于实证，与吾侪所见，自是天渊。当别为文论之。）并组成一套理论，以解释宇宙。其实，只是他们各自构造宇宙，绝不与真理相应的。所以本体论上许多戏论，足以招致攻难。这是无可讳言的。但是，谈本体者，虽有许多任意构画，我们却不能因此置本体而不肯究，甚至不承认有所谓本体。譬如病者，因食而噎，遂乃恶噎而废食。这是自绝之道，虽至愚亦知其不可的。今若以谈本体者多臆度和谬误，遂乃不谈本体，甚至不承认有本体，如此自绝于真理，便与恶噎废食无异了。如果承认变动不居的宇宙是实有的，而不承认宇宙有他的本体，那么，这个宇宙便同电光石火一般，绝无根据。人生在实际上说，便等若空花了。如

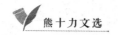

此，便与印度的空见外道，无甚异处。又复当知，宇宙从何显现，是需要一种说明的。我们于此正要找到万化的根源，才给宇宙以说明，否则便与素朴的实在论者同其浅陋。这是不能餍足吾人求知的愿欲的。世间戏论者以为宇宙无所谓本体，只是变动不居的一切行或万有，互相联属的全整体，可说为宇宙本体。为此说者本不承有本体，而姑以万有互相联属说为整体，即谓之本体。此乃印度古时矫乱论者之流，不足与辨。夫整体一词，为各部分之都称，若离一一部分，实无有整体可得。如言房屋，离一一椽及一一砖瓦等，实无有房屋可得。整体之言，唯有虚名，全无实义，如何说为本体？犹复须知，各部分的现象，变动不居。易言之，即是刹那刹那，故故不留，新新而起。孰发现是，孰流行是，孰主宰是？……

总之，凡不承认有本体的见解，推至极端，还是归于空洞的无的一种思路。虽复依据常识而肯定现前变动的宇宙为实有，但这个宇宙是从何显现的，既不能有所说明，而不肯承认宇宙有本体，如此则仍不能说这个宇宙是从空洞的无中出生的。然则穷理到极至处，而能不堕入无见，（妄计无有本体的见解，曰无见。）此事真不易哪。

综前所说，理应决定宇宙或一切行是有他的本体的，至于本体是怎样的一个物事，那是我们无可措思的。我们的思维作用是从日常的经验里发展来的。一向于所经验的境，恒现以其相。因此，即在思维共相时，亦现似物的共相。（例如，方是一切方的物之共相，而思维方时，即现似其相。）若思维本体时，不能泯然亡相，即无法亲得本体，只是缘虑自心所现之相而已。须知，本体不可作共相观。作共相观，便是心上所现似的一种相，此相便已物化，（心所现相即是心自构造的一种境象，此即物化。）而不是真体呈露。所以说，本体是无可措思的。（此中所谓思，是就通常所谓思维作用而说。别有一种殊胜的思，是能涤除实用方面的杂染，而与真理契会者，吾名之冥思。这种思，是可以悟入本体的，当俟《量论》详谈。）但是，本体所以成其为本体者，略说具有如下诸义：

一、本体是备万理、含万德、肇万化，法尔清净本然。法尔一词，其含义有无所待而成的意思。清净者，没有染污，即没有所谓恶之谓。本然者，本谓本来，然谓如此。当知，本体不是本无今有的，更不是由意想安立的，故说本来。他是永远不会有改变的，故以如此一词形容之。二、本体是绝对的。若有所待，便不名为一切行的本体了。三、本体是幽隐的、无形相的，即是没有空间性的。四、本体是恒久的、无始无终的，即是没有时间性的。（此中恒久二字并不是时间的意义，只强说为恒久。）五、本体是全的、圆满无缺的、不可剖割的。六、若说本体是不变易的，便已涵着变易了；若说本体是变易的，便已涵着不变易了。他是很难说的。本体是显现为无量无边的功用，即所谓一切行的，所以说是变易的。然而本体虽显现为万殊的功用或一切行，毕竟不曾改移他的自性。他的自性，恒是清净的、刚健的、无滞碍的，所以说是不变易的。关于不变易和变易的问题，是极广大、幽奥、微妙而极难说的。我在此中，不暇详论，当别为一书阐发之。如上略说六义，则所谓本体，应可明白了。

原载《新唯识论》卷上，"转变"章

论本心仁体

一

夫求识本心，在佛家盖自宗门兴起，而后盛趣此一路向，固夫人而知之也。儒家则远自孔子已揭求仁之旨。仁者本心也，即吾人与天地万物所同具之本体也。至孟子提出四端（恻隐之心，仁之端也；羞恶之心，义之端也；辞让之心，礼之端也；是非之心，智之端也），只就本心发用处而分说之耳。实则，四端统是一个仁体。（仁体即本心之别名。儒家仁智等名，须随文取义。如仁之一名，有时克目本体，则非与义礼智信等德，对待立名也。有时与义礼智信等德相对为言者，则此仁字系就发用处说。如随事而发之为恻隐则名仁，随事而发之为羞恶则名义是也。余可类推。智之一名亦然，有时为本体之目，有时就发用处说。准上谈仁可知。）后来程伯子《识仁篇》云："仁者浑然与物同体，（此言仁只是吾人与万物统同的本体。）义礼智信皆仁也。"此则直演孔子《大易》"元者善之长也"意思。《易》以乾元为万物之本体，坤元仍是乾元，非坤别有元也。杨慈湖深得此旨。元在人而名为仁，即是本心。万善自此发现，故曰善之长。逮王阳明作《大学问》，直令人反诸其内在的渊然而寂、恻然而感之仁，而天地万物一体之实，灼然可见。罗念庵又申师门之旨。盖自孔孟以迄宋明诸师，无不直指本心之仁，（实则，仁即本心，而曰本心之仁者，为措词方便故。）以为万化之原、万有之基。即此仁体，无可以知解向外求索也。明儒徐鲁源（鲁源师事钱绪山，阳明再传也。）曰："惟仁者，性之灵而心之真。（力按：仁即本心，亦即是性。）凝于冲漠无朕，而生意盎然，洋溢宇宙。（力按：冲漠无朕者，空寂也。佛家只体会到空寂，而不知空寂之中，正是生意凝聚、盎然不容已也。本体元是如此。）以此言性，非枯寂断灭之性也，（力按：佛家小乘，颇近枯灭。大乘不住生死，亦不住涅槃，视小乘已一变，然仍以度尽一切众生为蕲向，终与儒家人生观不同。由儒者之道，以衡大乘，则彼犹未离乎枯灭也。）达于人伦庶物，而真体湛然，迥出尘累。以此言心，非知觉运动之心也。（力按：知觉运动之心，习心也。仁则本心也。然仁体作得主时，则知觉运动之心，亦成为仁体之发用。此义宜知。）故孔子专言仁，传之无弊。"鲁源此说，可谓得儒家之旨。

或有难言：孔门之学，教人即实事上致力，曷尝谈本心、说仁体耶？《论语》一书，可考见也。答曰：《论语》载门下问仁者甚多，汝乃不考，何哉？孔子寿至七十以上，门下三千，通六艺与闻至道者七十二人，其平生讲学极繁富可知。《论语》仅一小册耳，其所不载者何限。然即此小册所载问仁诸条，已于全书中甚占地仁。夫门下迳直问仁，则必孔子平生专以求仁为学，可知也。后儒如王阳明，以致良知为学，亦与孔子言仁相类。夫良知即本心，凡为阳明之学者皆知之。仁即本心，而治《论语》者顾不悟，何耶？孔子答门下问仁者，只令在实事上致力。易言之，即唯与之谈工夫，令其由工夫而自悟仁体，（即本心或本体。）却不曾克就仁体上形容是如何如何。一则此非言说所及，二则强形容之，亦恐人作光景玩弄。孔子苦心处，后人固不识也。昔有一友，亦尝谓《论语》言仁，非即本心。吾语之曰，《论语》云"君子无终食之间违仁，造次必于是，颠沛必于是"，此所谓仁，非本心耶，非本体耶？岂可将此仁体说向外去，而只作为行事上之一种规范或德目看耶？（"岂可"，至此为句。）其友闻之，悚然有省。印度泰戈尔氏来吾华时，自云曾读《论语》，只觉是一部法典然。孔子果如此，则学无本源，何足云圣？泰氏读《论语》而未通，亦足惜也。

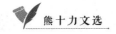

夫孔子岂未达本源者耶？彼自云十五志学。学者觉义，于觉而识仁体焉。学之究竟（究竟一词，简异一切知识的学问）在是也。不仁谓之麻木。麻木者，不觉也。不觉即仁体梏亡。（上蔡以觉言仁，甚是。朱子非之，误矣。）志于仁，乃为志学。三十而立，此志已立定也；四十不惑，自识仁体也；五十知天命，既自识仁体，涵养益深，至此乃实证仁体即天命也。夫天命者，以其无声无臭，而为吾人与万物所同具之本体，则谓之天；以其流行不息，则谓之命。故天命非超脱吾人而外在者也。（王船山不了孔子意思，其《读四书大全说》直以天道为超脱吾人而外在者，迷谬殊甚。墨翟之言天，盖视为外界独存，以此矫异于儒，而适成其惑。船山反阳明，而卒陷于墨。）唯自识仁体，寂然无相之谓天，渊然不已之谓命，（流行不息，古诗所谓"于穆不已"是也。于穆者，深远义。）无可舍自本心以索之于外。是故其志学之始，内有存主，而非外铄。（志者，存主义。存主即不违仁之谓。）由是而立、而不惑，终乃灼然知天命之非外。知者证知，非知解之知。《阿含经》云："身作证，是此知义。"此理于吾身实现之故也。到此境地，只是仁体流行，绝无阂蔽，故曰六十耳顺。耳顺者，形容其无阂蔽也。又进则七于而从心所欲不逾矩。（此义甚深微妙，学者切忌粗心作解。）至此，则神用不测，乃仁体自然之妙。孔子"十五志学"一章，须融会《论语》全部意思及《易》《春秋》大旨，而潜心玩索，切忌断章截句作解。夫《易》之乾元，即是仁体，万物所资始也。《春秋》以元统天，与《易》同旨。（成形之大者为诸天，皆乾元仁体之凝成也。举天则赅万有可知。《易》《春秋》，并言乾元统天，以皆孔氏之传故。）证之《论语》，弟子纷纷问仁，则孔子平生之学不外反求本心，洞识仁体。尽己性而即尽物性，本无内外可分也。《论语》曰："天何言哉？四时行焉，百物生焉，天何言哉！"时行物生，形容仁体活泼泼地。世之谈哲学者，唯任知见去逐物起解，如何得领悟这般境界？认得此意，则知《论语》所记孔子言行，一一皆从仁体流出。唯其中有主故，渊然而恒寂，灵然而恒感，故发无不当。（无不当，即是不逾矩。）夫岂不见本源，而规规然于应事接物之间，拟立规范，若遵行法典之为耶？以世俗之智而测圣人，其陷于巨谬也宜矣。

《论语》记"子所罕言，仁居一焉"。（仁即本体。）然则夫子并非绝口不言仁体，只罕言耳。非上根利器，不可与言仁体，只随机感所触，而示以求仁的工夫。《论语》所记，皆谈工夫，无启示仁体处，诚哉其罕言也。孔子盖谓真理当由人伦日用中实践而证得。（此中真理，即谓仁体。证得者，前引《阿含》云"身作证"是也。）实践不力而逞解悟，其解悟必不实，终与真理为二也。此等精神，实为治哲学者所不容忽视，容当别论。明儒吕泾野为学壹意践履。（践履亦云实践，谓人伦日用中实修的工夫。）其教学者有曰："诸君求仁，须要见得天地万物皆与我同体，一草一木不得其所，此心亦不安，始得。须看伊尹谓'一夫不获（不获，犹云不得其所），若已推而纳之沟中'是什么样心。"（力按：于此识本心，于此见仁体。）王言曰："此气象亦难。今日于父母兄弟间，或能尽得；若见外人，如何得有是心。"曰："只是此心用不熟，工夫只在积累。如今在旅次，处得主人停当，惟恐伤了主人；接朋友务尽恭敬，惟恐伤了朋友；处家不消说，随事皆存此心。（此语吃紧。）数年后，自觉得有天地万物为一体气象。"（力按：人人能如此为学，则世界可大同，人道成至治矣。）泾野此段话极老实、极切近。学者求识仁体，却须如此下工夫。工夫做到一分，即是仁体呈露一分。工夫做到十分，即是仁体呈露十分。若全不下工夫，则将一任迷妄（迷妄者，染习也，计执形骸之私也）狂驰，而仁体乃梏亡殆尽矣。（尽者，灭尽，仁体本无亡灭。然自吾人生活上言之，既完全违逆仁体，令其不得显发，则等于亡灭之也。）

还有史玉池（明东林派之学者）谈求仁的工夫，亦极真切。其言曰："今时讲学者，率以当下指点学人。（力按：当下一词，本

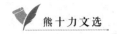

之禅宗。如前引马祖答慧海一则公案，即是就慧海当下的心而指点他，令悟本体。宋儒中已多用禅机，明儒尤然。）此是最亲切语。及叩其所以，却说饥来吃饭困来眠，都是很自然的，全不费工夫。（力按：饥来吃饭困来眠，本禅师语，只是形容不昏沉及不起若何贪著的意思。当初随机指点，本无病，后来不悟者，妄附此语，遂成狂惑。）见学者用工夫，便说本体原不如此，却一昧任其自然，纵情从欲去了，是当下反是陷人的深坑。（力按：阳明学派末流，确有至此者。）不知本体工夫是分不开的。（力按：此语的当。）有本体自有工夫，无工夫即无本体。（力按：本体，儒者亦名仁体。）试看樊迟问仁，是未识自家仁体而兴问，夫子却教他做工夫，曰'居处恭，执事敬，与人忠'。凡是人，于日用间总不外居处、执事、与人这些生活情况。居处时便恭，执事时便敬，与人时便忠。此本体即工夫。（力按：恭与敬及忠的心，是本体发用，故云本体即工夫。）学者求仁，居处而恭，仁就在居处；执事而敬，仁就在执事；与人而忠，仁就在与人。此工夫即本体。仁体与恭敬忠分析不开。（力按：恭也，敬也，忠也，皆工夫之名。实则此工夫即仁体，如何分得开？）此方是真当下，方是真自然。若饥食、困眠，禽兽都是这等的。以此为当下，便同于禽兽，岂不是陷人的深坑？（力按：禅家末流之弊，须得有此简别。）且当下全要在关头上得力。今人当居常处顺时，也能恭敬自持，也能推诚相与，及到利害的关头、荣辱的关头、毁誉的关头、生死的关头，便都差了，则平常恭敬忠，都不是真工夫。不用真工夫，却没有真本体。故夫子指点不处不去的仁体，却从富贵贫贱关头。（力按：贫贱，如去之不以正道，则终不去也。富贵，如处之不以正道，则终不处也。此不去不处之心，即是仁体。详见《论语》。）孟子指点不受不屑的本心，却从得生失死关头。（力按：如乞者遇食，得之则生，失之则死，但如与之者极无礼，则宁死不受而不屑偷生。此不受不屑之心即是本心，亦即仁体。参考《孟子》。）故富贵不淫，贫贱不移，威武不屈，造次颠沛必于是，舍生取义，杀身成仁，都是关头时的当下。此时能不走作，才是真工夫，（力按：此云不走作者，即本心不放失之谓。如本心认为当死时，忽私意起而间之，遂苟且偷生，此即走作。不走作者反是。）才是真本体，才是真自然，（力按：违逆本心而徇私欲者，为染习所驱使，确是不自然，非自省密者不知也。）才是真当下。"（力按：以上须参考《论语》《孟子》。如极贫贱乃至生死等关头时，一毫不走作，此其念念的当下，都是真的。易言之，纯是仁体显发。）玉池这段话，确极真切，当与前所引泾野语参看，皆不失孔孟精神也。玉池谓有本体，自有工夫，（工夫毕竟是本体发用，非别有一心来用工夫，故云有本体自有工夫。）无工夫即无本体。（黄梨洲《明儒学案序》云："心无本体也，工夫所至，即其本体。"此其晚年注重工夫，可谓进境。而世或以为梨洲不承认有本体，则误解也。其首曰"心无本体"者，盖为纵夺之词。极言之，以起下文工夫即本体耳。若不用工夫，则本体已梏亡矣。）此是的然见道语。

二

本心是绝待的全体。然依其发现，有差别（差别者，不一之谓）义故，不得不多为之名。

一名为心。心者主宰义，谓其遍为万物实体，而不即是物。虽复凝成众物，要为表现其自己之资具，却非舍其自性而遂物化也。不物化故，谓之恒如其性。以恒如其性故，对物而名主宰。（恒如其性，即不至堕没而为颓然之物，故乃对物而名主宰。）

二曰意。意者有定向义。夫心之一名，通万物而言其统体，（万物统共的实体曰统体。）非只就其主（主宰，省言主。后仿此）乎吾身而目之也。然吾身固万物中之一部分，而遍为万物之主者，即主乎吾身者也。物相分殊，而主之者一也。今反求其主乎吾身者，则渊然恒有定向。（渊然，深隐貌。恒字吃紧。这个定向，

是恒常如此而无有改易的。）于此言之，斯谓之意矣。定向云何？谓恒顺其生生不息之本性以发展，而不肯物化者是也。（生生者，至寂至净也。不寂不净，即成滞碍，而恶得生。不息者，至刚至健也。刚健故，恒新新而生，无有已止。以此见生命之永恒性。）故此有定向者，即生命也，即独体也。（刘蕺山所谓"独体"，只是这个有定向的意。）依此而立自我（此非妄情所执之我），虽万变而贞于一，有主宰之谓也。（文言本以《大学》"诚意"之意释此中"意"字，实误。明儒王栋、刘蕺山解"诚意"，并反阳明，亦好异之过。今此中"意"字，非常途所谓意识，乃与"心"字同为主宰义。但心约统体而言，意则就个人分上言之耳。）

三曰识。（谓感识及意识。）夫心、意二名，皆即体而目之。复言识者，则言乎体之发用也。（此中识字意义，与佛教中所谈识，绝不相同。彼所云识，实吾所谓习也。此则以本体之发用说为识。）渊寂之体，感而遂通，资乎官能以了境者，是名感识。（亦可依官能而分别名之以眼识、耳识，乃至身识云。）动而愈出（愈出者，无穷竭义），不倚官能，独起筹度者，是名意识。眼所不见，耳所不闻，乃至身所不触，而意识得独起思维筹度。即云思维筹度，亦依据过去感识经验的材料。然过去感识既已灭，而意识所再现起者，便非过去材料之旧，只是似前而续起，故名再现耳。且意识固常有极广远、幽深、玄妙之创发。如逻辑之精严，及凡科学上之发明、哲学之超悟等等。其为自明而不必有待于经验者，可胜道耶。

故心意识三名，各有取义。心之一名，统体义胜；（言心者，以其为吾与万物所共同的实体故，然非谓后二名不具此义，特心之一名乃偏约此义而立，故说为胜。）意之一名，各具义胜；（言意者，就此心之在乎个人者而言也。然非识之一名上无此义，特"意"名偏约此义而立，故独胜。）识之一名，了境故立。（感识、意识，同以了别境相，而得识名。感识唯了外境，意识了内外境。内境者，思构所成境。）本无异体，而名差别，随义异故，学者宜知。此心意识三名，各有涵义，自是一种特殊规定。实则，三名亦可以互代。如心亦得云识或意，而识亦得云心或意也。又可复合成词，如意识，亦得云心意或心识也。

《新唯识论》卷下之一，"明心"上章

论体用不二

一

还有许多哲学家承认宇宙万象是客观存在，但不肯承认有实体，甚至厌闻本体论。（实体与本体二名，虽有一字不同，而其义则一也。本者，言其本来有故，亦即是万物的自身。实者，言其真真实实。）此与印度古代无因论者，同为浅见。余以为宇宙自有真源，万有非忽然而起。譬如临大海岸谛观众沤，故故不留，新新而起。应知一一沤相，各各皆以大海水为其真源。尼父川上之叹，睹逝水而识真常，神悟天启，非上圣其能若是哉？如只承认宇宙万象为实在，而不承认有本体，便如孩儿临海岸只认众沤为实有而不知由大海水变作一一沤……

有问：本体具何等义？答曰：略说四义。一、本体是万理之原、万德之端、万化之始。（始，犹本也。）二、本体即无对即有对，即有对即无对。三、本体是无始无终。四、本体显为无穷无尽的大用，应说是变易的；然大用流行，毕竟不曾改易其本体固有生生、健动，乃至种种德性，应说是不变易的。上来略举四义，学者虚怀默究，不患无脱然超悟时也。（本体显为之显字，是显现义。）

复次，前文已云，不妨假说本体为能变。还要补充一段话，此能变一词的能字，只是形容词，并不谓有所变与之为对。如果说，由能变造起所变，必将以能变为超脱乎所变之上而独在，不惟同于宗教拟人之神，更有能所对峙不得圆融之大过。须知，实体是完完全全的变成万有不齐的大用，即大用流行之外，无有实体。譬如大海水全成为众沤，即众沤外无大海水。体用不二亦犹是。夫实体浑然无象，而其成为用也，即繁然万殊。故从其成用，而赞为能。实体所以名能变者，其义在此。

已说实体为能变，当知实体非常非断（断者，断绝），故又名之以恒转。恒字是非断的意思，转字是非常的意思。非常非断，刹那刹那，生灭灭生，故名恒转。此乃即体显用，以立斯名。

二

乾元是本体之称。（本体，省云体。称，犹名也。）乾坤是功用之目。（乾坤，亦曰阴阳。功用者，功者功能，用者作用，故合而成词，然可省言之曰用。目，亦犹名也。）

问：云何说乾坤是用？答：凡现象皆本体之功用，不即是本体也。坤为质、为物、为能，皆现象灿然者也。不谓之功用而何谓？乾为精神、为阳明、为健动、为心、为知，虽不可目见，而反己自识，皆现象炯然（炯然，著明貌）者也，不谓之功用而何谓？

问：云何知有体？答：以有功用炽然显著，非幻化故，非虚妄故，非凭空而起故，故知用必有体。

…………

问：先生有时说，精神物质都是本体之功用，有时说，本体之流行，名为用，二说有异否？答：不异。精神物质分明是现象，而西学一元唯心论者，直将精神当作本原；一元唯物论者，直将物质当作本原。实则此二宗者，皆是无元之论，易言之，皆是无体论。余据《大易》衡之，故说精神物质都是本体之功用。

从来谈本体者，或将本体说成立乎现象之上，或说为隐伏于现象背后，此皆误将本体推出于现象之外去。易言之，即将体用分割为二。余据《大易》正之，故说本体之流行，名为用。如本体是不流行之体，便是僵固的死体，即无功用可言。惟其流行，而非僵固，故

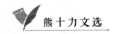

说流行是用。流行，必有奇偶两方面，似相对，而实互相含。偶者，为可分化之物质；奇者，为浑一而无畛域之精神。浑一之神，统御可分化之质，是为混然活跃之大流。此乃本体之功用也。

现象与本体，是为哲学上幽深至极而甚难解决之根本问题。余强力探索于此者良久，而常以探索愈深，眩惑滋甚为大苦……若只认现象为实在，而悍然遮拨本体，则宇宙无原，人生无原。（人生本不在宇宙外，而别出言之者，以重要故。吾人若自迷其原，则昔贤所叹浮生若梦也。）是以浅躁之衷，自绝于真理，余未知其可也。若置本体而不问，付之不可知，此与前者相较，唯之与阿，相去几何？（唯阿，见《老子》二十章。）若以为，即万有而追原，据实事以求是，（万事万物之成，未有无本原者，故言现象有原，则言之成理，吾认为是。无元之论，非老迂所知也。）直承认有本体，建百家之皇极，（理必穷其根，学必究其柢，百家之业，各精于一部门而不通于大道，庄生所叹"天下各得一察焉以自好"也。《尚书》曰"皇建其有极"，孰谓圣学可轻弃乎？理根二字，见郭子玄《庄注》。万理会通于一理。一理者，万物所由成，万理所由出，故曰根。）是乃智者之所请事。而余之寡陋，有同尚焉。余年四十后，始为求原之学，所最费寻思者，厥为本体与现象是否可析而为二。此一一问题，常在吾脑中。若道本体是超越现象而独在，即是立乎现象之上，便与天帝下异矣；若道本体是隐于现象背后，而为众甫（众甫，见《老子》二十一章。甫字，读父，古通用。王弼注："众甫，物之始也。"严复曰："众甫者，一切父也。西哲谓之第一因。"案一切父者，犹云一切物之父。前辈修词务简。），则隐显二层，中间隔截，万物亦不需要此不相干之本体矣。（本体隐伏内层，现象则显著于外层，内外之间有距离，即已隔断，互下相涉也。）其后潜玩《大易》，求圣人所以于乾元无所开演（开演一词，见中译佛籍。犹云敷宣理论也）之意。盖思之，思之，又重思之，久而后恍然有悟千圣意。伏羲始提出体用二字，其时未便斥破天帝，故只谈用。孔子始废天帝，而明示乾坤有本体，字曰乾元，亦名大极，然犹复谈用。其于乾元，无所论说者，非存而不论也。诚以体用本来下二，虽下妨分别而说（分别体与用而说也），毕竟不可以体用破析为二。由体用本来不二故，只可干乾坤（乾坤是本体之功用，其义屡见前文）变化，而究尽其义蕴，广为天下后世宣说，无隐无吝。大用畅通，即本体显发无余蕴。（此言本体含藏万有，皆显于用。吾人能于用上畅通，则本体所有之一切，皆已显发出，再无有些子多余不尽之蕴也。）此谓即用识体。即用识体者，根本在体用不二。如体用可析而为二，则谈用只可明用，何可由用以识体乎？

问：体用有分，此义似易晓。体用不二，是义难知。奈何？答：乾坤大用，是乾元自身的现起。（乾坤大用四字，作复词。乾元，即本体之名。）譬如粥饭，是大米自身的现起……

体者，对功用而得名，是功用之实体故。若无实体，则功用无由生（生者，发现义）。故以实体对于功用或万物而言，即有为其本原之义。（其字，为功用或万物之代词。本原，亦省言原。）

用者，对体而得名，是实体之功用故。然实体完全发现而成功用，譬如大海水全现作众沤。（此以大海水比喻实体，以众沤比喻功用。）功用之外无有实体，譬如众沤之外无有大海水。（曾航行大海者，必见大海水全现作众沤，不可离众沤以求大海水也。）又复当知，功用万殊，故说万物差别（差别，犹云千形万状）。而每一物，皆具有大全的实体，非是于实体中得其一分，以实体不可剖分故。譬如每一个沤，皆具有圆满的大海水，非是于大海水中得其一分故。是故一物所独具之乾元，实则是其与万物所同具之乾元。（乾元，即实体之名。）天地万物一体之义，确然昭明。（言万物即已包含天地。今特举之者，以是先儒成语，作复词可耳。）《论语》之仁（内圣学也），《春秋》《礼运》之公（外王学也），皆出自乾元性海。谁有慧者，而忍瞒昧。

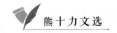

问：《大易》之究竟义，（究彻根源，无有不尽。是义至极，甚深复甚深，名曰究竟义。）即体即用，即用即体，已闻之矣。今复有疑者，天地万物，即是大用欤，抑是由大用而生欤？答：如（如者，言其恰与理相应而无失也）理而谈，万物与大用不可歧而为二。所以者何？万物非是离于大用流行而有各各独立之实自相故。（"万物"至此为句。"非是"二字，一气贯下。）由此应说万物与大用本来不二。是义决定，无复狐疑？若汝言，天地万物由大用而生者。今应问汝，"生"字作何解？若如母生子之生，则谬误太甚。"生"字本有发现义，如作发现解，则大用流行，活泼泼地而发现种种迹象，谓之万物。昔人说万物为化迹（大化流行之迹象，曰化迹）者，亦此意。如此说来，则万物即是大用流行之迹象，易言之，万物即以流行不已、活泼泼地之大用为其实自相，而可说与大用为二乎？（自相，犹云自体。上文未及注。凡物各为独立的个体，故说物各有自体。如笔有其自体，张人、李人亦各有其自体，他物可准知。此乃随俗而说也，实则物之自体都不固定，如理而谈，万物皆以流行不住的大用为其实有的自体耳。）

问：如万物与大用为一，即万物都失其自己。所以者何？万物只是化迹，何有卓尔特立的自己乎？老氏万物刍狗之叹，庄子鼠肝虫臂之论，皆融万物于大化，而使万物失其自己也。答：甚矣，汝之迷也。大用流行，宛然有象。譬如闪电，一闪一闪，而现红光。红光，迹象也。汝以为此时电在红光外否？譬如大海水现作活跃之众沤。众沤，亦迹象也。汝以为大海水在众沤外否？譬如瀑流怒涌，万千白点，飞跃上下。白点，亦迹象也。汝以为瀑流在白点外否？汝试思之，万物现似个体，而实以流行不已的大用为其自相。（体用本下二。此云万物以大用为其自相，实即以乾元为其自相。他处未注者，准此。）易言之，万物自身即是至大无外、丰富无竭之大宝藏，是乃大用遍在一一物中，非是离于一一物而有大用独存也，云何妄计融万物于大化？老庄误矣。汝又承之而自迷，岂不惜哉？凡物各成就其自己，人各充实其自己，（人必认识自家本有大宝藏，方得充实。）而曰万物失其自己，有是理哉？汝自丧其本有之大宝藏，乃失自己耳，而犹不悟可乎？《易》曰"万物各正性命"，汝深参去，予复何言？

摘自《体用论·明变章》，原载《原儒》（下卷）

论天化摄归人能

先生有云："圣人言天，以天化摄归人能。"《易》曰"圣人成能"。乾坤之全体大用，若以其在人而言之，则曰人能而已。《新论》谈体用，所谓空寂生化之妙、刚健清净之德，是天德也（天德，谓本体），而实即是吾人之真性也。吾人本其所固有而不可穷竭之真源，努力发挥之。故曰即工夫即本体，亦《大易》成能之旨。故吾人生活之源泉，极渊深而不虞其或竭，极富有而无忧其或匮。天在人，而人即天故也。（《读经示要》第二讲。）

虎生等昔侍教北碚，尝叩《南华》冲趣。先生愀然曰：魏晋人标三玄，实不解《大易》，涉《老》亦浅，其笃嗜盖在《南华》。汉以后名士，中《南华》之毒颇深，汝曹顾不察耳。《南华》根本迷谬处，即在视天化为无上之威力，（庄子虽不主有神，而实计有变化之大力，超越万有，可名天化，亦云大化，亦可说为自然。）而吾人之生，只是大化中偶然之化，如昙花一现耳。《大宗师》篇曰："伟哉造化！又将奚以汝为，将奚以汝适？以汝为鼠肝乎，以汝为虫臂乎？"又曰："浸假而化予之左臂以为鸡，予因以求时夜；浸假而化予之右臂以为弹，予因以求鸮炙；浸假而化予之尻以为轮，以神为马，予因以乘之，岂更驾哉。"（此等思想，在庄生书中，随处可见。）庄生之宇宙观与人生观，只是委心任运，恭然无自在力。二千余年名士，中其毒以迄于兹。天下无生人之气久矣，可不反哉！……近读《示要》有曰：造化在我，非我与造化真宰为二也。知我之所以为我，则存诚而其德不易，体健而其用不穷。位天地，育万物，皆我之自化也，而况予之臂与尻，其有不自

186

我制之者乎？惜乎庄生不悟及此也。（《读经示要》第二讲，评庄子处。）又释《易》乾卦"时乘六龙以御天"云，乘者，载而有之之谓，龙喻本体。乾元，亦谓本体，言万物资乾元以始，既始，即物有自相，则乾元遂为物所载有而内足于己者。譬如众沤，资于大海水以始，既始，即沤有自相，则大海水遂为沤所载有而内足于己者。内足者，无待于外，而其充实不可以已。故日益上达，极乎实现乾元性体而无所亏，于是德用无穷，若龙之乘云气以御天而神变不测也，故曰以御天。（《读经示要》第三讲，说《易》处。）此皆发挥《新论》体用义，至真切，至深远。

夫本体在人，即人之真性也，自我也。（此乃真我，非小我之谓。）变化，皆我之变化也；当有日新，皆我自足之德用也。若计有自然之变化，超脱于我人之上，而我人则是大化中偶化之赘物，（《庄子·大宗师》明有附赘之言。）人生全无意义，全无价值，全无力量。魏晋人颓废之流波，迄今益甚，有以也哉。由《新论》之旨，则天在人，而人即天。独化即是大化，（独化，谓各个人或各个物；大化，谓万物统共之本体。）大化非超越独化而别存。一切即一，（一切，谓各各独化；一谓本体，下仿此。）一即一切。诸变化无常法，实皆彻体真常。（就每一独化而言，均是变化无常的。就每一独化各各均具有大化之全体而言，即皆彻体真常。）呜乎，《新论》其至矣。

先生尝言，自幼喜发奇想，及长而回忆，皆哲学问题也。少年从戎，图革命，时浏览科学常识书（如格致启蒙之类），后涉诸子百家言，复专力于梵方无着、世亲之学，晋求龙树、提婆大经（大经，谓《大般若》）四论，思唯空义，上稽《阿含》，推征释迦本旨，义海汪洋，游焉弗倦。久之抛弃见闻熏习，反求诸己，于佛氏渐有异同，而回忆少时所习六经四子，深契儒言，且于《大易》得其根柢与条贯。《读经示要》有曰：余早岁曾有一种思想，以为宇宙只是一大生生不息真机。（一者，绝对义。大

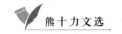

者，无外义。生生不息真机，谓本体之流行。）吾人禀此生生不息真机而生，是为吾人之真性。而人之生也，形气限之，即常苦于物化，而蔽其性真，遂致人间为罪恶之丛，宇宙为黑暗之府，悲莫甚焉。是故古之道术，有主张逆生生之流，宁可沦虚耽寂，而不惜大地平沈、虚空粉碎，以建清宁之极者，释迦牟尼其此志欤。爰有睹体承当，（谓自证本体，而保任勿失，即吾人能不为形气所累，而真性恒昭然呈现。于此立定，无有放舍，故谓承当。）顺吾所固有生生不息之机，虚而不屈者其神全，（不屈，谓无匮竭。神全，即虚灵而含大生之德故。）动而愈出者其诚至。（真诚之至，故动而无穷。）新新而不用其故，进进而无有所凝（此言凝者，留滞义），会万物为一己，（滞于形，即失真性，而己与物对。见真性，即不私其形，而万物皆与己同体。）运形气以从心。（心主乎身，发而有则，感而恒寂。形气乃心之所运用，何物化之患。）即流行即主宰，即有待即无待，是乃体乾元而立人极，（乾元者，生生不息之真体也。人得之为真性，能实体之而勿失，则人极立。极者至也。人道之极至，在体现乾元。）即人道而识乾元。（人之真性即是乾元，故尽人道而乾元显。）其为宣圣《大易》之旨欤。

余生而孤露，早失怙恃，兄弟困穷，后先短折。且世运艰危，志存匡济，弱龄投笔，坎险频遭。久之，自顾非才，于世复无所可。孤怀落寞，少接人间，既谢世缘，（不复参加革命。）冥搜荷岸，时而出世思想生焉。（王介甫诗云："荷花十丈对冥搜。"先生云"尝居近荷花池畔"。）然而余终非释迦氏之徒也。幼小趋庭，备闻鲁论，长而多患，益自振拔，兴言出世，辄复怀疑。三十而后，勤探大乘，初闻无住，倍增欣仰。（小乘趣寂，自了生死，只是自利。大乘始言无住涅槃，谓生死涅槃，两不住着也。已断惑染，虽故现生死，而非沦没，曰不住生死。已证寂灭，而不取寂，乃示现生死，不舍众生，曰不住涅槃。）继而曰，见有生死，而云不住，何若不毁责生死而直践吾生。（佛家以生死为惑染，为坠堕，儒者不作如是观，直反己，而自了吾所以生之理，此理乃吾与天地万物所共禀之以有生，至真至实，至善无染者也。吾人实修而显发之，是即人即天也。既即人即天，则已超越物表，远离小己生死相，何惑染之有？何坠堕之有？子曰"未知生，焉知死"。圣人只令人反己，自求其固有生生不息之真，而存诚以充之，积健以体之。富有日新，德盛化神，我即天也，天即我也，岂复滞于小己之形，而有死之一字萦其虑哉？故圣人之所谓生，非佛氏生死之生，而佛氏之生死，圣人所不言也。学者不知此意，不堪论儒佛，亦不可通《新论》。）见有涅槃，而云不住，何不悟生几至神以健，元自空寂？（空寂，曾见前。实则，空亦寂义，非空无之空。生生之实体，无昏扰，无迷暗，故云空寂。健者，生生之几，动而不可屈挠、不可穷竭、不容已止，故以健言。）即生即寂，（寂，非枯寂，寂而生也。生几之动，元非盲动。虚灵冲湛，本来寂也。明儒颇有彻悟及此者。佛家说十二缘生，无明为首，即谓众生由迷暗势力而生。叔本华承其说，皆大误。）岂果有无生之境，名为寂灭，而云不住涅槃耶？（《示要》原注太长，兹不全引。宜参考《示要》第二讲，评佛家处。）君子思诚所以存生之理，积健所以顺生之几，此人道之贞常也。不此之悟，而仍妄分生死涅槃二境，虽高言两不住，而实已有两境在，则所云不在者，乃宗教之神话耳。故大乘者，欲变小宗，而未离其根底。龙树、提婆、无着、世亲诸公，倘生中国，得闻儒道，其必弘阐尼山之绪无疑也。

先生尝谓佛家大乘，终未改易其反人生倾向。（《示要》第二讲。）此等思想，于中国人极不利。中国人缺乏宗教信仰，（言中国人无宗教思想者确误，然究薄于宗教信仰，当别论。）虽闻出世法，而不易养成其超脱尘累之出世深情。中国人少坚定之情操，虽不必笃信出世法，而亦未免为佛氏以人间为生死海之说所动，则其

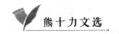

人生态度，将陷于疑似与徘徊之中，不能于人生有明白正确认识，其生活必难充实有力。从来士类处昏暗之境，每习于苟偷，而无可发其同类胥溺之恻隐，与犯难创进之强力。此为最不幸事。中国人自老庄思想引入佛法以后，其人生观已近于迷殆。（稍涉道家之虚静柔退而慕之，将逃实不能，屏动不得，柔亦缺，退亦蹶，终于浮虚自丧。魏晋人是其征也。稍闻佛氏众生沦溺生死海之说而怖之，以笼统之心习，而玩空餐玄，以三毒炽然而托于忏悔、奉佛，非自丧而何？故二氏之流，鲜不迷殆。）

《易》《春秋》诏人思诚以存生之理，积健以顺生之几。孟董而后，无识此意者。（《易》《春秋》同其宗趣，《示要》已言之。孟子、董生皆春秋公羊家。孟子曰："诚者，天之道也。思诚者，人之道也。"此二语，发明《易》旨，渊广至极。董子曰："天积众刚以自强。"亦本于《易》。刚亦曰健。诚与健，即仁也，天德也，即言乎本体之德也。吾人累于形，而障其性，若求复本体，则非思诚积健不可。诚与健是本体，思诚之思、积健之积，是工夫。而工夫即是本体。）人失其诚与健，而人道绝，即天道熄矣。人外无天也。吾国自汉以后，儒生为伪朝之仆隶，而儒学早绝其源。佛教寺宇遍闾巷，持法者间有高僧，吸其精，亦吸其糟，其大多数，则吸其糟而又变以成毒。佛法之真得真失，不独信者弗辩，即毁之者亦未尝是究，而徒为无谓之抵拒。中国人无哲学以启迪其人生思想，日沦乎污下，盖二千年于兹矣。中国有儒佛之学，而废置弗究，非独中国人之不幸，而人类之忧也。（道家言，其深者皆儒佛之所可摄，其浅者皆可以儒言格正之，故不另提。）宋明诸老先生崛起，颇有所致力，然重阴未开，大明未启也。其愿则已宏矣。余当明夷之运，智小谋大。本平生之积测，欣一旦而贯通，因以平章华梵，抑扬儒佛，而造《新论》。（于佛有抑，抑其所可抑，非尽抑之也。于儒有扬，扬其所可扬，非尽扬之也。尼山基业，大中至正，后儒可曰无失乎。）寻邹鲁久坠之绪，竟宋明未逮之业。世亲成《二十论》，而自慰云，已尽我能。余亦云尔已。

原载《印行十力丛书记》

论穷神知化与思修交尽

余年三十五，始专力于国学（实为哲学思想方面），上下数千年间，颇涉诸宗，尤于儒佛，用心深细。窃叹佛玄而诞，儒大而正，（佛氏上驰于玄，然玄者实之玄也。游玄而离实，则虚诞耳。此意难与佛之徒言。从来名士好佛者必抑儒，非惟不知儒，实未知佛耳。）卒归本儒家《大易》，批判佛法，援入于儒，遂造《新论》。（《新唯识论》，省称《新论》，他处仿此。）更拟撰两书，为《新论》羽翼：曰《量论》（量者知义，见《因明大疏》。量论犹云知识论），曰《大易广传》。两书若成，儒学规模始粗备。余怀此志，历年良久。向学已晚，成学迟而且孤……

自四十、五十以至七十之年，长厄于疾，又经国难，先后草创《新论》二本。（文言本及语体本。）最近乃就语体本，删为定本，了此一段心事。《量论》早有端绪，原拟为二篇：曰比量篇，（比量，见中译因明书。量犹知也。比者比度，含有推求、简择等义。吾人理智，依据实测而作推求，其所得之知曰比量。此与因明不全符，只从宽泛解释。）曰证量篇。（证者知也。然此知字之义极深微，与平常所用知识一词绝不同旨。略言之，吾人固有炯然昭明、离诸杂染之本心，其自明自了，是为默然内证。孔子谓之默识，佛氏说为证量，而此证量，无有能所与内外、同异等等虚妄分别相，是造乎无对之境也。）

比量篇复分上下。上篇，论辨物正辞。实测以坚其据，（实测者，即由感觉亲感摄实物而得测知其物。荀子《正名》篇所谓"五官簿之"云云亦此义。此与辩证唯物论之反映说亦相通。）

推理以尽其用。若无实测可据而逞臆推演，鲜不堕于虚妄。此学者所宜谨也。

辨物正辞之学，始于《易》《春秋》，而二经传记亡失殆尽，鲜可稽。（据汉初司马谈言，六艺经传以千万数。《易》《春秋》为群经所宗，而《易》尤尊于《春秋》。孔门三千七十之徒，其为《易》《春秋》传记，以记述与发挥师说者必不可胜数，惜乎吕秦刘汉之际，毁绝无余。）晚周名学有单篇碎义可考者，《荀子·正名》、墨氏《墨辨》、《公孙龙》残帙及《庄子》偶存惠施义，韩非有综核名实之谈，此其较著也。诸家名学思想，皆宗主《春秋》，大要以为正辞必先辨物。《春秋繁露》曰："《春秋》辨物之理，以正其名。名物如其真，不失秋毫之末。故名陨石，则后其五。"（僖公十六年传："闻其磌然，陨也，视之则石，察之则五。"）"言退鹢，则先其六。"（僖公于六年传记《孔丛子》："平原君曰：'至精之说，可得闻乎？'答曰：'其说皆取之经传。《春秋》记六鹢退飞，睹之则六，察之则鹢。'"）圣人之谨于正名如此。君子于其言，无所苟而已。五石六鹢之辞是也。（五石六鹢之辞，据五官所感。《荀子·正名》篇言五官能簿记物象，如画师写实，正申《春秋》义。）据此，《春秋》正辞之学，归本辨物。后来荀卿乃至墨翟诸家，皆演《春秋》之绪，以切近于群理治道，实事求是为归。从诸家孤篇残帙中考之，其宗趣犹可见也。（孤篇如《荀子·正名》，残帙如《墨辨》等。宗趣犹云主旨。）荀卿为七十子余裔，无待论。墨子曰："夫辨者，将以明是非之分，审治乱之纪，明同异之处，察名实之理，处利害，决嫌疑焉。摹略万物之然，（按即掌握自然规律之谓。）论求群言之比，以名举实，以辞抒意。"详此所云，不谓为《春秋》之嫡嗣得乎？惟至惠施、公孙龙，似已趋近玄虚，而惠施能明于《易》，要非公孙之俦矣。明季傅青主独称道公孙。当名理衰绝二千数百年，而有斯识，不得不惊其巨眼，然青主犹未能究宣其义。近自章太炎以来，

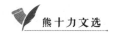

颇有引述《庄子》惠施诸条，加以训释，要皆章句之技耳。夫治古学者，贵乎好学深思，心知其意，而复验之于物理人事，辨其然否，循其真是处，而精吾之思，博学于文。（古者以自然现象谓之文，人事亦曰人文，故博文为格物之功，非只以读书为博学也。）曲畅旁通，推而广之，创明大义，得其一贯。孔子以述为作，道在斯也。名学倡于中国最早，诸家坠绪犹有可寻。余在抗日战前，颇思作述。无何，中原沦陷，急遽奔蜀，嘉州寇弹，焚吾积稿，予念灰矣。旧业中弛，今衰难理。

下篇，论穷神知化。神者不测之称，所以形容变化之妙。（穷神知化，见《易·系辞传》。）吾人如本诸一般日常经验的知识以测物，必有如是与不如是之分。（如是，犹云如此；不如是，犹云反乎此者。）申言之，即于一切物皆作固定相（相者相状，后皆准知）想，作各各离异相想。今试深进而体察一切物，则知凡物皆属变动不居之过程，都无固定相，亦无各各离异相。一切物刹那刹那，变化密移，方其如是，即已不如是。如是与不如是，相反而相俱，（相俱者，相反而实相成。）盖莫得而分焉。如言物生，而当其生之一刹那顷，却已即灭；如言灭已，而次刹紧续前刹，已有新生。是则生灭二相，都不决定，亦互不相离异。例如麦禾，并非以其初生时名生，亦非以其灰烬已尽名灭。实则麦禾从其由种生芽，由芽成禾，以迄灰烬垂尽，其中间所经历之长岁月中，确是刹那刹那，才生即灭，才灭即生，未尝有一刹那顷守其故。麦禾经过无量转变，每一刹顷，新故推移，皆无固定相可得，诡异至极。麦禾如是，凡物准知。然则变化之道，非通辩证法，固不可得而明矣。大地上凡有高深文化之国，其发明辩证法最早者，莫有如中国。羲皇画卦，在洪古期，岂不奇哉？辩证一辞，并非始于外方。《广雅》："辩，变也。"《易·坤卦文言》："犹辩之不早辩也。"《荀》本辩作变。古以辩字与变字互通，最有深意。辩本有对，而必归和同，宇宙间变化之道亦犹是。辩证语源极可玩。

余尝言，宇宙论中（此云宇宙是广义，即通本体与现象而言。）无对与有对，相反也，而无对统摄有对，乃反而相成。（统摄者，统谓统一，摄谓含受而主领之也。后凡言统摄者，皆仿此。）

本体是无对。本体之流行，至健无息，新新而起，其变万殊，是名为用。用既万殊，便是有对。由体成用，即无对已含有对，相反在是。然赖有此反，乃以显发本体之盛德与大化。用毕竟不违体，故曰无对统摄有对。

无限与有限，相反也。而无限统摄有限，乃反而相成。

体唯浑全，故无限，用乃分化，即有限、然有限之诸行相（行想者，行是迁流义，相者打状），从一方面说，无始时共，恒是刹那刹那，才生即灭，都无故物暂住，或疑灭灭可怖。从另一方面说，无始时来，故故不留，新新而起，实乃生生不已，生生不已者，有源而不竭也。源不竭者，其源非外有。盖其本体内在之源，深远而无穷尽也。是则无限有限，正以反而相成，故曰无限统摄有限。

克就用言，心物，相反也，而心统摄物，乃反而相成。

心有主宰义及升进等义，物有坠退性，心本虚灵，无在而无不在。（中译《楞严经》七处征心等文，善发斯旨，可玩。）物成形象，有方所。心物相反甚明。然心能斡运乎物，（斡者，主领义及运转义。）改造乎物，物亦随心转，而深融无碍。是则心物毕竟不二，故曰心统摄物。

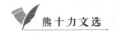

能质，亦是相反相成，兹不及详。其余问题尚多，学者融类而通可也。

附识：体用本不二，而亦有分；心物本不二，而亦有分，此是哲学追本穷源，到尽头处。吾数十年体认至此，深得《大易》之启发，识得有分，即见矛盾。此中有无穷义蕴难道得。

人生论中，天人，相反也，而人道统摄天道，乃反而相成。

说者曰："天人之际，苟求其异（异即相反），则其义广远至极，难以析举。"必不得已而欲言之，略陈以二：一曰，天道高明悠久无穷，（高者，绝对之称。明者虚灵，无杂染故。悠久者，至诚无息。无穷者，盛德妙用无穷尽故。）而人生陷于有对之域，不得无穷。其异一。二曰，天道鼓万物，一切任物之自然，非为斯人之乐利而始生物也。万物诚有可资益于人，其危害于人者则尤多而且厉，天人之不相为谋也彰彰矣。其异二。

答曰：儒言天道，乃宇宙本体之称，非谓神帝。吾子之论，似亦见及此，惜乎其未彻也。未彻者，犹未免视本体为超越于人类而独在，惊叹其无穷，是犹宗教以神道统治人道之余习也。如其实悟吾人之真性即是遍为天地万物本体，天地万物之本体即是吾人真性，则高明悠久无穷者，皆吾性分上所固有，孰谓天人对立，不得融而为一耶？惟人之生也，已成为个体，而迷执之为小己，则以妄习障蔽真性，而令其不得显发。生命之有矛盾由斯。说者第一义据，亦在此耳。然吾人真性恒不泯绝，一旦怵然内省，则本来面目赫然呈露。（本来面目，系禅家语，即真性之代词。）孔子曰："人能弘道，非道弘人。"（言人能弘大其道，道不能弘大吾人。道者，即本体或真性之称。真性虽是吾入所固有，而吾人恒迷执小己以障蔽之，则真性虽自存，却不能使吾人弘大。必吾人内省，而自识本来面目，存养而扩充之，则日用云为之际，皆是真性炽然流行，是则人能弘大其道。）斯义广大渊微至极，其否认有超越吾人与天地万物而独尊之神道，使神道不复能统治吾人。哲学精神，至此完全脱去宗教尽净，遂令人道天道融合为一、不可干人之外觅天也。其功诚钜哉！

已答第一义，次及第二《易·系辞传》曰："天道鼓万物两不与圣人同性。"富哉斯言，天道者，宇宙本体之称，体之流行，而各有其主；日本体而言，则是真实之动力，鼓动万物，如大洋水，鼓众沤然。（真实谓本体，动力谓本体之流行，乃克就用而言。本体是万物之体，不在万物外。譬如大洋水是众沤之体，不在众沤外，）真实动力，鼓动万物，（真实谓本体，亦即天道。）本无有作意，无有违择，故万物之发展至不齐。如大自然，千形万态矣，地水火风四大变幻，（印度古代说地水火风四大，即分析物质界为此四种，坚劲名地大，流湿名永大，轻动名风大，温燥名火大。大者，以其相找大敌云。）无量奇险奇峻，及至诡圣、至可恐怖之阻碍与灾害，不可胜穷。甚至动物界之凶毒，尤难殚举。推人类从万物中发展至最高级，却是真实动力之表现达千最高度。虽为万物之灵长，（谓人至灵，而为万物之首长也。）毕竟不可一息离实际生活。而大自然之威逼，或万物之迫害，其予人生以百千磨难，无穷困厄者，显然为真实动力鼓万物而令其不齐，遂以致此，易言之，即天人之际，有矛盾存焉。（真实动力，是谓天。）圣人之忧，忧此矛盾也。而天道（天道，即真实动力）固不与圣人同其忧，天道无作意，无选

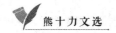
择，其鼓万物也，直行乎其所不容已。惟其鼓之不容已，而无意无择也，则其对于生之矛盾，遂伏于此矣。圣人忧之，是故启导广博无量之人类，期成人能。（人自成其人之能，曰人能。本《易·系传》。）即以人道统摄天道。《易》曰："范围天地之化而不过。"（汉人训范围一词为拟范，伊川训为模量，皆取法乎天地也，并误。此中天地一词，即大自然之总称。言吾人当制驭自然之变化，使其无有过差。范围者，即以人力制限之耳。自然科学发明以来，征服与利用自然之功绩已卓著，《易》之理想已实现。）"曲成万物而不遗"。（曲成者，因万物固有之性能而成就之，如辨土宜以利农事，采金木以制器具，雷电亦可操纵与发挥其功能以备用，乃致动植物皆可变化其品种，以日进于优良，皆曲成也。且不唯成物而已，若乃人类亦有资禀不齐，则为之政制、群纪，纳于共同生活之中，妥筹教养，使贤智尽其才，而愚不肖者亦可勉企于贤智。如此，则人类莫不曲成而无遗也。）又曰："裁成天地之道，辅相万物之宜。"（准上可解，辅相之义最要，只是顺物之性，而扶勉之已耳，决不以私意私见宰制万物也。）然后人生乃开拓其天地万物一体之德量，而矛盾悉已化除，故曰人道统摄天道。

如上二义，天人相反相成之妙，已可见。

性善性恶，二说相反也，而善统治恶，乃反而相成。

孟子言性善，就吾人与天地万物共同之真源而言也。（真源，谓宇宙本体，）真源无有不善。（本体无有作意，无有杂染，故无恶。）荀卿言性恶，就吾人有生以后，妄执小已而言也。真源之流，（犹云本体之流行。）

不得不分化，分化故有小己，小己不得无欲。欲动，而徇于小己之私，且狂迷不反者，其变也。小己之私欲，狂逞不反，即障蔽真性。（真源，在吾人分上言，即是吾人真性。）此所以成乎矛盾也。然复须知，小己之私欲，虽足以障蔽真性，而真性毕竟不坏灭。譬如浮云虽能蔽日，而日光未尝不在。浮云消散，则大明（大明谓日）遍照无穷矣。儒家求己之学，（此中己字，是大己，非小己。大己者真性也。儒学节制私欲，在求认识大己而已。）节制私欲，以完复其固有之真性，则矛盾化除，而真性常得为四体之主。即小己之欲毋妄逞，而亦莫非真性流行，无所谓私也。故性恶论者，虽足以纠正性善论之忽视矛盾，而性善论究不因有矛盾而失其据。且凡言性恶者，无有肯许恶行为人生之当然，仍归本于为善去恶。是则因去恶之勇，而益见吾人固有善根之发展不容已。善恶适以反而相成，故曰善统治恶。

上来就宇宙人生诸大问题，略为举隅。可见辩证法是无往而不在，学者随处体察可也……

谈宇宙论，略括以十六句义，学者宜知：

一为无量，无量为一。

全中有分，分分是全。

始则有终，终而复始。

此转为彼，彼亦莫住。

发展无竭，譬彼洪流。

自由必然，无想有鹄。

伟哉造化，怒者其谁？

相反相成，万有公则。

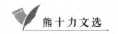

附注：一谓本体，无对故名一。无量谓用。用乃万殊，故名无量。全与分，亦谓体用。分分是全，可玩《新论》"明宗"章大海水与众沤喻。"始则有终"以下诸句，并就用言。无想者，谓无意想。有鹄者，谓有目的《庄子·齐物》云："怒者其谁耶？"怒，盛动貌；怒者，犹云主动者：盖谓无主动之神也。

知识论当与宇宙论结合为一。离体用而空谈知识，其于宇宙人生诸大问题不相干涉，是乃支离琐碎之论耳，何足尚哉？学者必通辩证法，而后可与穷神。

感觉、量智（亦云理智）、思维、概念等所由发展与其功用，在上篇（辨物正辞篇）固应论及，本篇（穷神知化篇）当进一步讨论量智、思维等，如何得洗涤实用的习染而观变化。但二篇今皆未能作。（实用的习染，将一切物析为各别与固定的，以此而测大化，必极不相应。）

证量篇，论涵养性智。性智者，人初出母胎，堕地一号，隐然呈露其乍接宇宙万象之灵感。此一灵感，决非从无生有，足征人性本来潜备无穷无尽德用，是大宝藏，是一切明解之源泉，即依此明解之源，说明性智。

问：云何证量？答：吾人唯于性智内证时，（内自证知曰内证。禅家云：自己认识自己。）大明洞彻，外缘不起，（神明内敛时，不缘虑外物故。）复然无对，（浑然与天地万物同体，故无对。）默然自了，是谓证量。吾人须有证量之境，方可于小体而识大体，（小体，犹言小己。大体，谓宇宙本体。二词并见《孟子》，今借用之。）于相对而悟绝对，于有限而入无限，是乃即人即天也。（天者，本体之称，非神帝。）人生不获证量境界，恒自视其在天地间，渺小如太仓之一粒，庄生所以有人生若是芒乎之叹。

证量，止息思维，扫除概念，只是精神内敛，默然返照。（默然者，寂定貌。照者，澄明之极。返照者，自明自了之谓。）孔子默识，即此境界。人生惟于证量中，浑然与天道合。（《易》云"与天合德"。天道，谓本体。合一是形容词。其实人即天，非以此合彼也。）有问：如何方可得到证量境界？答曰：思维与修养交致其力，而修养所以立本。思修交尽，（思而无修，只是虚见。修而不思，终无真解。）久而后有获也。佛道二家方法，皆宜参考，然道颇沦虚，佛亦滞寂。沦于虚，滞于寂，即有舍弃现实、脱离群众之患。孔子之道确不如此。故须矫正二氏，以归儒术。今此不及详。

孟子"上下与天地同流"，象山自谓"精神稍一提缀，便与天地相似"，此皆学人上达初机。（上达，谓上达于证量之境。）然此诣，非大贤以下之资所可企也。

从来颖悟之伦，莫下求趣证量，直彻根源，然易流于僧侣主义，倾向出世，乖于大道，不可为训。孔子以人道弘天道，从天地万物浑然一体处立命，（此中天地万物，即包含吾人在内。）故有裁成辅相之功，（《易》曰"裁成天地，辅相万物"。）不以孤往独善为道也。

吾原拟作《量论》，当立证量一篇者，盖有二意：一、中国先哲如孔子与道家及自印度来之佛家，其学皆归本证量。但诸家虽同主证量，而义旨各有不同。余欲明其所以异，而辨其得失，不得下有此篇。二、余平生之学，下主张反对理智或知识，而亦深感哲学当于向外求知之余，更有凝神息虑、默然自识之一境。《礼记》曰："不能反躬，天理灭矣。"郑玄注："反躬，反己也。"《论语》录孔子之言，以"默而识之"与"学而不厌"，分作两项说。学者，即物穷理，知识之事。默识者，默然反己自识也。此所云己者，非小己之谓，乃通天地万物为一体之真己也。默然之际，记忆、想象、思维、推度等等作用，一切不起，而大明炯然自识。（自识者，禅家云"自己认识自己"是也。）阳明所谓"无声无臭独

知时"，正是此境。庄子云"尸居而龙见，渊默而雷声"，差可形容孔子默识境界……阳明恐未到此。余谈证量，自以孔子之道为依归，深感为哲学者，不可无此向上一着，未知将来有同斯意者否？

《量论》二篇（一比量篇，二证量篇）大意，略说如上。今精力已衰，虽欲写一纲要，而不可能。后有作者能偿余之愿，功不必自我成，予何憾焉？

原载《原儒》上卷

论体认与思辨

一

来函谓时人疑余谈及西洋思想，辄以武断之态度，而轻有所抑。此乃于吾书不求甚解之故。西洋思想来源，一为希腊思想，一为希伯来宗教思想。其来自希腊者，在哲学方面，为理智之向外追求。其来自宗教者，为情感上有超越万有之神之信仰。余平生之学，参稽二氏（佛与道），而卒归吾儒。体用不二之旨，实融天人而一之。（须深究吾《新论》。）此与宗教固截然殊途，以视西洋哲学，专从思辨入手者，又迥乎不同。恃思辨者，以逻辑谨严胜，而不知穷理入深处，须休止思辨，而默然体认，直至心与理为一，则非逻辑所施也。恃思辨者，总构成许多概念，而体认之极诣，则所思与能思俱泯，炯然大明，荡然无相，则概念涤除已尽也。（概念即有相。）余之学，以思辨始，以体认终。学不极于体认，毕竟与真理隔绝。学不证真而持论，总未免戏论。（纯凭知解构画，何可与真理相应。）凡哲学家著述，是否为证真之言，唯明者能辨之，难与不知者论。时贤于先圣贤之意，根本不求解，更无望其能解，而况于吾书，妄相訾议，置之可耳。夫不真知天人不二、神质不二、（神者谓上帝与心灵或精神，但此云上帝，与宗教家意义不同。质者，谓肉体及物质宇宙。）体相不二，（体谓本体，相谓现象界……）及不了思辨与体认之诣有殊者，而欲其与于知言之选，何可得乎？夫谓中西哲学所有之问题不必同，吾何尝有是言。但学人所至之境，不必同耳。论学固须观同，要须辨异，而后求同，乃无病。此余一向所

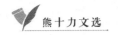

持也。

原载《十力语要初续》

二

科学的心理学，其方法，注重实测；其解释心理现象，以神经系统为基础。若站在科学的立场来说，余固不须反对，然或以为心理学之观点与方法，可以发明心地，余则未知其可……其实，神经系统只是心作用之所凭借以发现，而直说为心理的基础，便似心灵从物质而生，此其观点实太偏而不正。须知，心物两方，其实体是一。以心为物之本，固不可；以物为心之源，亦大谬……若夫高级心灵，如所谓仁心，则惟有反己体认而自知之耳，诚非实测术所可及也……

科学的心理学，其研究的对象，自是人类的心。（研究动物的心，则别为分支的专业。）而实际上，则人类的高极心灵（仁心），为彼等之测验所不及，遂绝不涉及。其实，心的发展，必至乎仁，始不受锢于形气的个体而流行充塞乎宇宙。此乃心灵之真相，惟人类机体组织完善乃得显露出来耳。（真相，犹俗云真面目。）

哲学的心理学，其进修，以默识法为主，亦辅之以思维术。默识法，反求吾内部生活中而体认夫炯然恒有主在，恻然时有感来。有感而无所系，有主而不可违，此非吾所固有之仁心欤？……识者，体认仁心而不放失，即由仁心运行乎万物万事之交，不令有一毫私意私见掺杂。是以知明、处当，万理平铺现前，故曰默识也。默识，是生生动动、活泼泼地。后儒修诚主敬，直是迂滞矜持。朱子《论语集注》于默识无所会，况其后学乎？

思维术者，直任明睿的思维，深穷宇宙体用，洞然旷观，毋滞一曲，须会其全，毋妄推度，要必有据。久之，体用透彻，而心之所以为心，有其源（源，谓心与物之实体），有其关系（关系，谓物质乃与心相反相成，是其关系密切，不容忽视），皆明明白白，无复疑矣……

认识存在者是心；明了事物规律而掌握之者亦是心；心之了境，或不符现实而改正错误，终于实事求是者，还是心；变化裁成乎万物者，都是心。总之，心为物之主，能深入于物，随顺于物，明了物则而掌握之，以化裁乎物。所以利用厚生，归于崇德也。

原载《明心篇》

论读书

一

凡读书者，须有主观方面之采获，有客观方面之探求。先言主观。读者胸中预有规模、有计划，则任读何书，随在有足供吾之触类而融通者。若无规模、无计划而茫然读古人书。读一书，即死守一书之文义；读两书，即死守两书之文义：是谓书蠹，何关学问？次论客观。某一学派之大著，必自有其独到之精神，必自有其独立之系统。读者既有主观之采获，遂谓得彼之真，窥彼之全也，于是，必以主蔽客也。故必摒除一己所触类融通者，而对彼之宏纲众目，为纯客观之探求，方见吾与彼之异，及吾与彼，并其他诸家之异。益徵理道无穷，宇宙无量，而免入混乱或管窥之诮矣。吾任读何书，只是如此。

原载《答谢石麟》，《十力语要》卷一

二

吾尝言，今日治哲学者，于中国、印度、西洋三方面，必不可偏废，此意容当别论。佛家于内心之照察，与人生之体验，宇宙之解析，真理（此云真理，即谓实体）之证会，皆有其特殊独到处。即其注重逻辑之精神，于中土所偏，尤堪匡救。（中国学问，何故不尚逻辑？《语要》卷一，时有所明。但言简意赅，恐读者忽而不察。）自大法东来，什、肇、奘、基既尽吸收之能，华、台宗门皆成创造之业。（华严、天台、禅家，各立宗派，虽义本大乘，而实皆中土创造。）魏、晋融佛于三玄，虽失则纵，非佛之过，曹魏流荡之余毒也。（光武惩新莽之变，以名教束士人。其后，士相党附而饰节义，固已外强中干。曹氏父子怀篡夺之志，务反名教。操求不仁不孝而有术略者，丕、植兄弟以文学宏奖风流，士薄防检，而中无实质，以空文相煽，而中夏始为胡。又自此而有所谓名士一流，其风迄今未已，华胄之不竞，有以也哉！）宋、明融佛于四子，虽失则迂，非佛之过，东汉名教之流弊也。（宋承五代之错乱，故孙、石、程、张、司马、文、范诸公，复兴东汉名教，南渡诸儒继之，明儒尚守其风。若陆子静兄弟及邓牧、王船山、黄黎洲诸儒，皆有民治思想，则其说亦不足行于世。）揆之往事，中人融会印度佛家思想，常因缘会多违，而未善其用。今自西洋文化东来，而我科学未兴，物质未启，顾乃猖狂从欲，自取覆亡。使吾果怀自存，而且为全人类幸福计者，则导欲从理，而情莫不畅，（人皆发展其占有冲动，终古黑暗，而无合理的生活，如何勿悲！）本心宰物，而用无不利，（现代人之生活，只努力物质的追求，而忽略自心之修养，贪瞋痴发展，占有冲动发展，心为物役，而成人相食之局。直不知有自心，不曾于自心作过照察的工夫。）异生皆适于性海，（异生，犹言众生；性者，万物之一源，故喻如海，见《华严》。人皆见性，即皆相得于一体，而各泯为己之私，世乃大同。）人类各足于分愿，（大同之世，人人以善道相与，而无相攘夺，故分愿各足也。）其必有待中、印、西洋三方思想之调和，而为未来世界新文化植其根，然则佛学顾可废而不讲欤？（此意，容当别为专论。）

印度佛学，亡绝已久，今欲求佛学之真，必于中国。东土多大乘根器，佛有悬记，征验不爽。奈何今之人，一切自鄙夷其所固有，辄疑中土佛书，犹不足据。不知吾国佛书，虽浩如烟海，但从大体言之，仍以性相两宗典籍为主要，其数量亦最多。性宗典籍，则由什师主译；相宗典籍，则由奘师主译。奘师留印年久，又值

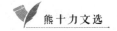
佛法正盛，而乃博访师资，遍治群学，精通三藏，印度人尊之为大乘天，史实具在，岂堪诬蔑。不信奖师，而将谁信？（奘师译书，选择甚精，不唯大乘也，小宗谈有者，其巨典已备译，即胜论之《十句论》亦译出。唯小空传译较少，然小空最胜者，莫如《成实论》，什师已译，故奘师于此方面可省也。）什师产于天竺，博学多通，深穷大乘，神智幽远，靡得而称。弘化东来，于皇汉语文，无不精诣深造。本传云："自大法东来，始汉历晋，经论渐多。而支、竺所出，多滞文格义。什既至止，姚兴请译众经。什既率多谙诵，无不究尽，转能汉言，音译流便。既览旧经，义多纰缪，皆由先译失旨，不与梵本相应。姚兴使僧肇等八百余人，谘受什旨，凡所出经论，三百余卷。临终，自云：'今于众前，发诚实誓，若所传无谬者，当使焚身之后，舌不焦烂。'及焚尸已，薪灭形碎，唯舌不灰。"详此所云，什师既能汉语，又于译事，备极忠实，观其临终之词，可谓信誓旦旦。又《远法师传》，称什师见所著《法性论》叹曰："边（什以印度为中，故称中夏为边）国人未有经，便暗与理合，岂不妙哉。"又《肇法师传》云著《般若无知论》，什览之曰："吾解不谢子，文当相揖耳！"夫远、肇二师之文，古今能读者无几，而什师能欣赏焉，其于汉文深造可知。又什师自作汉文偈颂，皆以藻蔚之词，达渊妙之旨。如赠法和云："心山育明德，流薰万由延。哀鸾孤桐上，清音彻九天。"其他皆类此。什师道业既崇，汉文工妙，若彼传译群籍，谓不足信，其将谁信？今之学子，言佛学，亦轻其所固有，而必以梵语为足征。不悟佛学自是佛学，梵语自是梵语。吾国人于《论语·学而》章，皆能读诵训诂。然试问"学"是何等义？"时习"是何等工夫？"悦"是何等境界？自康成以讫清儒，果谁解此，而况其凡乎！以此类推，通梵语者，虽能诵梵本佛书，要于学理，不必能通。学者诚有志佛学，当以中国译籍为本。中译虽多，必考信于玄奘、罗什。即中人自著之书，或自创之说，若持与佛家本旨相较，亦唯什、奘二师学，可为质正之准则。（容当别论。）舍此不图，而欲以博习梵语为能，则业梵语可也，毋言佛学。虽然，吾非谓读中国佛书者，不当博攻梵语，但须于中国书中，精求义解，学有其基，则梵本颇堪参较。（近人治内籍者，亦多注意藏文。藏地固中国之一部分，其文字亦中国文字之别枝也，诚当研习。然晚世藏学，乃显密杂揉，非印度大乘真面目。无着之学，盛传于玄奘。龙树之学，宏敷于罗什。故性相二宗之真，尽在中国，非求之奘、什二师译籍不可。）

读佛书，有四要，分析与综会，踏实与凌空。名相纷繁，必分析求之，而不惮烦琐。又必于千条万绪中，综会而寻其统系，得其通理。然分析必由踏实，于繁琐名相，欲一一而析穷其差别义，则必将论主之经验与思路，在自家脑盖演过一番，始能一一得其实解，（论主，犹言著者。纵由悬空想象而施设之名相，但此等想象，在其思路中，必非无故而然，况其有据而非空想者乎！）此谓踏实。若只随文生解，不曾切实理会其来历，是则浮泛不实，为学大忌。凌空者，掷下书，无佛说，无世间种种说，亦无己意可说，其唯于一切相，都无取著（取著意义极难言，学者须反观始得）。脱尔神解，机应自然，心无所得，而真理昭然现前。（此心才有所得，便是取着境相，即与真理相违。）此种境地，吾无以名之，强曰凌空。如上四要，读佛书者，缺一不得。吾常求此于人，杳然无遇。慨此甘露，知饮者希，孤怀寥寂，谁与为论！什师颂云："哀鸾孤桐上，清音彻九天。"

佛家哲学，以今哲学上术语言之，不妨说为心理主义。所谓心理主义者，非谓是心理学，乃谓其哲学从心理学出发故。今案其说，在宇宙论方面，则摄物归心，所谓三界唯心，万法唯识是也。（非不承认有物，只是物不离心而外在故。）然心物互为缘生，刹那刹那，新新顿起，都不暂住，都无定实。在人生论方面，则于染净，察识分明。而以此心舍染得净，转识（识者，虚妄分别，名识）成智，离苦得乐，为人生最高蕲向。在本体论方面，则即心是

涅槃。（涅槃者，以具常乐我净四德，故名涅槃，即真如之别名，亦即本体之别名。）在认识论方面，则由解析而归趣证会，初假寻思，而终于心行路绝。（心行者，心之所游履曰行。人心思唯一切义境，如有所游履然，故曰心行。"心行路绝"者，谓真理不可以知解推度，才起推度与想象，便与真理乖离。故知就真理言，则心行之路，至此而绝也。）其所以然者，则于自心起执相貌，（"起执"二字，宜深味。心知才起，便计有如是如是义相，此相即是自心所执，故云"起执"。）由慧（慧即俗云理智）解析，知其无实，（心知所计为如彼如此等等义境，此决不与真理相应，俱妄识所构之相，故云无实。）渐入观行，（即观即行，说名观行，此即正智。）冥（契者，证会）契真理即超过寻思与知解境地，所谓证会是已。吾以为言哲学者，果欲离戏论而得真理，则佛家在认识论上，尽有特别贡献，应当留心参学。今西洋哲学，理智与反理智二派，互不相容，而佛学则可一炉而冶。（向欲于作量论时，备明此旨。惜年来扰攘，又迫病患，惮为深思，竟未知何时能执笔！）然西学于此，所以无缘融会者，以无佛家观心与治心一段工夫故耳。（西学只作知解工夫，其心尚沦于有取，更何望其空能取之执，亡知而冥应乎？此意难言。）《新论·明心》章，于此颇其苦心。（《明心》章下，谈染心所处，广明惑相。谈善心所处，于进修工夫次第，指示精严。须与本书上卷受、想、行三蕴参看。）要之，佛家哲学，持较西洋，别有一种精神，别是一种面目。其于中国，在修证上尚有相通之处；其于西洋，在理论上亦自有可通，而根本精神，俱不相似也。此意，容当别论。读佛书者，必须知此，而后有所抉择。

凡佛家书，皆文如钩琐，义若连环，初学读之，必循环往复，至再至三。每读一次，于所未详，必谨缺疑，而无放失。（此最吃紧。）缺疑者，其疑问常在心头，故乃触处求解。若所不知，即便放失，则终其身为盲人矣。学问之事，成于缺疑，废于放失，寄语来学，其慎于斯。

凡佛家书，有宗论籍，只是铺陈名相；空宗论籍，如宗经之作，（若《中论》等，宗经而作。）只是三支法式。读其书者，切宜言外得意，若滞在言中，便觉毫无义趣。须知中国、印度哲家笔著，皆意在言外，意余于言，所贵好学深思，心知其意。（科学书籍，叙述事理，无言外意。而哲学思想之作，则不当如此。以其所谈之理，极普遍、玄微、深妙，而难以言宣也。若哲学书，而亦义尽言中，则其无深解可知。）

读佛书，必先读论。读论，必先唯识法相，而次以空宗。然只读空有诸论，犹不足见佛学之广大渊微（渊者渊深，微者微妙），必也，博习群经，始觉豁人神智。及其讽味涵茹之久，则神智日益而不自知。然非广研论籍，精熟条理者，又断断不可读经。使浑沌未凿者读之，不唯不喻经旨，反益增其混乱。论以析义，而经之说理也，极为深浑（深者深妙，浑者浑全）。

凡读书，不可求快。而读佛家书，尤须沈潜往复，从容含玩，否则必难悟入。吾常言，学人所以少深造者，即由读书喜为涉猎，不务精探之故。如历史上名人传记，所载目数行下，或一目十行，与过目不忘等等者，不可胜数。秉笔者本称美其人阅览明快，而实则此等人，在当时不过一名士，绝少有在学术界得成为学问家者。宣圣曰："仁者先难后获。"天下事无幸成之功，学问是何等工夫，奚容以轻浮心，辄为浅尝耶！（日本学人治中国学术，勤于搜集材料，考据较精，然于哲学思想方面，殊乏穷大致精、极深研几之功。观其著述，如叙述某家学说，往往粗立若干条目，而任意割裂其书中文句，以编缀之，至为浮乱。其于先哲思想系统及广大渊深微妙之旨，全没理会。吾国学人自清末以来，亦被其风，此甚可惧。）

至言不止于俚耳，（《庄子》）卑陋之心于大道必无堪任。（无所堪能任受。）故儒者言为学之要，必曰立志；佛氏言为学之本，必曰发心。未有心志下正大，不清明，不真切，而可与于穷

理尽性之学也。玄奘大师译《大般若经》既成，每窃叹此经义境太高，恐此土众生智量狭小，难于领受，辄不胜其嗟惋！向也不究此旨，今乃知其言之悲也。愿读佛书者，时取奘师此等话头参对，庶有以自激其愤悱之几欤！

原载《佛家名相通释·撰述大意》